Berichte aus der Literaturwissenschaft

Brigitte Mannsperger

LLL
Latein Lernen beim Lesen

Shaker Verlag
Aachen 2001

Die Deutsche Bibliothek - CIP-Einheitsaufnahme

Mannsperger, Brigitte:
LLL - Latein Lernen beim Lesen / Brigitte Mannsperger.
- Als Ms. gedr. - Aachen : Shaker, 2. erw. Aufl., 2001
(Berichte aus der Literaturwissenschaft)

ISBN 3-8265-7283-1

Als Manuskript gedruckt. Printed in Germany.

ISBN 3-8265-7283-1
ISSN 0945-0858

Shaker Verlag GmbH • Postfach 1290 • 52013 Aachen
Telefon: 02407 / 95 96 - 0 • Telefax: 02407 / 95 96 - 9
Internet: www.shaker.de • eMail: info@shaker.de

Inhalt

Vorwort

Einführung 1

1 Aussprache und Betonung lateinischer Texte 1
2 Begriffe der lateinischen Grammatik 3
3 Formenbildung lateinischer Wörter 6

Lektion	Text Abbildung	Grammatik	Seite
1	Verhinderte Aneignung fremden Gutes (2,4,32) Trinkbecher (Schatz von Boscoreale)	Prädikat: Präsens	9
2	Nächtlicher Einbruch in einen Tempel (2,4,94f.) Herkules (Römische Marmorstatue)	Subjekt (Nominativ)	18
3	Raub einer Statue der Göttin Diana (2,4,74f.) Diana (Schwarzfigurige Votivscheibe)	Prädikat: Imperfekt	27
4	Cicero als Feldherr (ep.ad Att. V 20) Kilikien (Atlas Antiquus)	Prädikat: Perfekt	31
5	Brutales Vorgehen eines Beamten (2,4,86f.) Konsul mit Vollzugsbeamten (Denar)	Objekt: Akkusativ	38
6	Inspektionsreisen eines Provinzverwalters (2,5,26f.) Trinkgelage (Wandgemälde aus Pompeji)	Prädikat: Plusq.perf.	45
7	Eine griechische Hauskapelle (2,4,3ff.) Spendenträgerinnen (Parthenon-Ostfries)	Ablativ	49
8	Mißbrauch militärischer Oberhoheit (2,5,43f.) Lastschiffe (Sesterz)	Adverb; Steigerung	55
9	Das Forum Romanum – ein Beutekunstmuseum (2,1,59) Forum (Forum von Pompeji)	Attrib.: Genetiv	61
10	Geldgier eines Quästors (2,1,37ff.) Insignien eines Quästors (Tetradrachmon)	Konjunkt.: Hauptsatz Konjunkt. im D	65
11	Eingrenzung der Anklage (2,1,32ff.) Rednertribüne (Rekonstruktionszeichnung)	Futur I und II	72
12	Verehrung der Göttin Ceres in Sizilien (2,4,106f.) Raub der Persephone (Tonrelief aus Lokroi)	Infinitiv, a.c.i.; n.c.i.	77
13	Aufgabe von Verteidiger und Ankläger (div. 25f.) Abstimmung (Denar)	Gerundium,Gerundiv.	85

14	Großzügiges Verhalten eines Feldherrn (2,2,86f.) Die Stadtgöttin von Himera (Tetradrachmon)	part.coni.; abl.abs.	91
15	Identität von Anklage und Verteidigung (div. 2f.) Redner („Arringatore" aus Pila)	Konjunktionalsatz	97
16	Ein Pakt mit dem Gegner (2,5,97f.) Die Häfen von Syrakus (Plan von Syrakus)	Relativsatz	106
17	Schamlose Ausnutzung des Gastrechts (2,1,78ff.) Speisezimmer einer Villa (Boscoreale)	Fragesatz	111
18	Aufdeckung einer Unterschlagung (2,1,36) Schreibtafel (Nachbildung)	Zahlwörter	114
19	Erpressung von Tempelgeldern (2,2,26f.) Münzen der römischen Republik (Denar, Quinar, Sesterz)	Pronomen; Pron.adj.	120
20	Noch einmal die Becher des Pamphilus (2,4,32) Silbergeschirr (Wandgemälde in einem Grabbau)	Dir. u. indir. Rede	126

Texte zum Stil Ciceros 128

1	Veränderung des Prozeßverfahrens (2,1,27ff.)	Dir. u. indir. Schild.	
2 und 3	Vorgehen des Verres in der Rechtsfindung (2,2,72ff.) Erpressung der sizilischen Bauern (2,3,196ff.)	Wechselreden	
4	Die Insel Malta (2,4,103ff.)	Satzperiode	

Wortkunde

	Minimalwortschatz	137
	Grundwortschatz	139

Tabellen

I	Konjugation des Verbs	155
II	Deklination des Nomens	161
III	Deklination des Pronomens	166

Sachkunde

I	Ciceros Lebenslauf	169
II	Der Prozeß gegen Verres	173
	Karte von Sizilien	175

Abbildungsnachweis 176

Vorwort

LLL Latein Lernen beim Lesen ist eine Einführung in die lateinische Sprache, die von Anfang an und ausschließlich vom Originaltext eines Schriftstellers ausgeht. Der Text beruht im vorliegenden Sprachkurs auf den *Reden gegen Verres* von *Cicero*.

Die Konzentration auf den Text hat methodische und didaktische Konsequenzen: In einem Text ist der *Satz* wichtig für das Verstehen; das einzelne *Wort* wird vor allem aus dem Satzganzen heraus verständlich. Deshalb werden in der Sprachlehre die Wörter in ihrer Funktion als Glieder des Satzes erklärt; die bloßen Formen der Wörter haben keinen Eigenwert, sondern gewinnen ihren Sinn aus ihrer Abhängigkeit von der Einheit des Satzes.

Für den Lehr- und Lernvorgang bedeutet das: Wörter werden nicht, ihrer Wortart nach in Deklinations- und Konjugationsklassen eingeteilt, vertikal erklärt, sondern in ihrer Funktion als Prädikate, Subjekte, Objekte, Umstandsbestimmungen usw. horizontal definiert. Die Reihenfolge der Satzglieder ist besonders im lateinischen Satz eindeutig festgelegt: das Prädikat hat Vorrang vor dem Subjekt (das pronominal im Prädikat enthalten sein kann); vom Prädikat hängen die Objekte ab, von denen das Akkusativobjekt vor dem Dativobjekt rangiert. Diesen Vorstellungen von der Wertigkeit der Satzglieder folgt die Reihenfolge der Fälle: Nominativ (Subjektsfall) → Akkusativ → Dativ (Objektsfälle) → Ablativ (Sammelfall von Herkunfts- und Umstandsbestimmungen) → Genetiv (Attributsfall). Dies steht zwar der traditionellen Einteilung in Nominativ – Genetiv – Dativ – Akkusativ – Ablativ entgegen, erleichtert aber das Verstehen, da es auf der Wichtigkeit und Häufigkeit der Fälle basiert.

LLL Latein Lernen beim Lesen richtet sich an Studierende an Universitäten und Volkshochschulen und ist auch für das Selbststudium geeignet, da der separat gedruckte Schlüssel eine Korrektur der Eigenarbeit bietet. Es ist aber auch für Schüler mit Latein als zweiter oder dritter Fremdsprache geeignet. Das Ziel ist der Erwerb des Latinums.

Das Lehrbuch umfaßt eine ***Sprachlehre*** und eine ***Wortkunde.***

Die ***Sprachlehre*** enthält *20 Lektionen*, die die Grundzüge der lateinischen Grammatik vermitteln, und *3 Lektionen zum Stil Ciceros. Drei Tabellen* bieten eine Übersicht über die Konjugation des Verbs und die Deklination des Nomens und Pronomens. *Zwei Beschreibungen* der Biographie Ciceros und des Prozesses gegen Verres dienen der Erweiterung des Verständnisses von Autor und Text.

Jede Lektion hat ein bestimmtes syntaktisches Thema, auf das die drei Abschnitte der Lektion ausgerichtet sind:

Der Textteil (A) bietet einen Abschnitt der Reden gegen Verres, in dem das betreffende Satzglied besonders häufig und vielfältig zu finden ist. Methodische Hinweise leiten am Beispiel von einem oder zwei Sätzen dazu an, wie die Übersetzung zunächst ohne Vorkenntnisse und dann schrittweise unter Einsatz der bisher gelernten Kenntnisse zu bewerkstelligen ist. Diese Hinweise sollte der Lernende dann selbständig auf die übrigen Sätze anwenden. Die *Abbildung* eines im Text beschriebenen Gegenstandes erleichtert es, den Inhalt des Textes zu verstehen.

Der Grammatikteil (B) enthält die Erklärung des Satzgliedes im Hinblick auf seine Formenbildung und seine Verwendung im lateinischen Satz, wobei auf die unterschiedliche Auffassung bei der Übersetzung ins Deutsche besonders hingewiesen wird.

Der Übungsteil (C) fordert zunächst auf, das betreffende Satzglied im Text der Lektion und rückgreifend in den früheren Lektionen zu erklären und deren Wörter zu lernen. Dann sollen freie grammatische Formen und Kurzsätze aus den Wörtern der behandelten Textabschnitte die Bildung und Verwendung des Satzgliedes einüben.

Die ***Wortkunde*** enthält einen *Minimalwortschatz* von ca. 70 Wörtern, die zu den häufigsten der Reden gegen Verres gehören, und einen *Grundwortschatz* mit ca. 500 Wörtern, die in der rechten Spalte um ca. 200 Wörter der jeweiligen Sprachfamilie erweitert werden. Zusammen mit den *Wörtern der Texte* ist der Wortschatz ausreichend, um fast ohne Lexikon jeden geforderten Abschnitt der Reden gegen Verres zu übersetzen. Es ist ratsam, die Wörter des Minimalwortschatzes nach 4, die des Grundwortschatzes nach 20 Lektionen gelernt zu haben, so daß zum Schluß die Erweiterung durch die Wörter der rechten Spalte des Grundwortschatzes erfolgen kann.

Ein separater ***Schlüssel*** zur Sprachlehre enthält die *Übersetzung der Texte* (A) und die *Lösung der Übungsaufgaben* (C).

⇒ Noch ein Hinweis: Zur sinnvollen und erfreulichen Lektüre von *LLL Latein Lernen beim Lesen* ist ein ***Schulwörterbuch*** unbedingt nötig. Die Gliederung, die Abkürzungsweise und die Schreibformen dieses Wörterbuchs müssen so geläufig sein, daß sie kein Hindernis für den raschen Gebrauch bilden.

Begleitend und ergänzend zu diesem Lehrbuch wurde im Internet eine ***Website*** publiziert, die unter der Adresse http://www.latein-lehrbuch.de abrufbar ist. Dort werden Aufgaben zur Einübung der Grammatik und des Wortschatzes der Verrinen, der Methode von LLL Latein Lernen beim Lesen entsprechend, in Form von Kurzsätzen angeboten. Diese Website soll laufend erweitert werden.

Zum Schluß möchte ich meinem Mann für die Hilfe bei der Beschaffung der Fotos und meinem Sohn für die Formatierung und Umstellung des Scripts auf eine PostScript-Datei danken. Mein Dank gilt auch den Studierenden eines Seminars unter Leitung von Frau Prof. Dr. Bettina Baronesse v. Freytag gen. Löringhoff, das der Frage nach der Überlieferung der von Cicero beschriebenen Kunstwerke galt. Erstaunlicherweise ergab sich, daß fast keine direkt vergleichbaren Werke erhalten sind. Man muß schon andere Kunstgattungen zu Hilfe nehmen, um eine Vorstellung des geschilderten Gegenstands zu bekommen. Es ist zu vermuten, daß trotz der großen Anzahl überlieferter Werke eine noch viel größere Menge verlorengegangen ist, und daß der Kunstbetrieb in der Antike von ungeheurem Umfang war.

Tübingen, im April 2000 Brigitte Mannsperger

Einführung

1. Aussprache und Betonung lateinischer Texte

Die lateinische Sprache war ursprünglich die Sprache der Latiner, eines Volksstammes, der die Landschaft Latium um Rom bewohnte. Daneben gab es auf der italischen Halbinsel noch viele andere Stämme mit ihrer eigenen Sprache. Das *Latinische* war also *ein italischer Dialekt.*

Die wachsende politische Vormacht der Latiner hatte zur Folge, daß ihre Sprache die der übrigen Stämme und Völker verdrängte. Um 200 v. Chr. wurde auf der italischen Halbinsel, um 200 n. Chr. im gesamten Mittelmeergebiet das nun so genannte Lateinische gesprochen und vor allem geschrieben. *Latein* war die *offizielle Sprache des römischen Imperiums* geworden.

Aus dem Lateinischen entwickelten sich die romanischen Sprachen: Italienisch, Französisch, Spanisch, Portugiesisch, Rumänisch. Daneben blieb es die Sprache der Kirche und Wissenschaft, in gewissen Epochen auch der Literatur.

Die lange Tradition hat natürlich Veränderungen in der Aussprache und Betonung bewirkt. Es ist ein großer Unterschied, ob man den Sprachzustand um 100 v. Chr. oder um 1000 n. Chr. betrachtet.

Die Werke *Caesars* und *Ciceros* gehören der Literatur des 1. Jahrunderts v. Chr. an. Wenn man an ihnen Latein lernt, lernt man das Latein einer *geschriebenen Sprache* - nicht einer gesprochenen - und zudem einer höchst stilisierten *Literatursprache* - nicht einer alltäglichen Umgangssprache.

Im Lauf der langen Tradition des Lateinischen haben sich Gewohnheiten der Aussprache und Betonung eingebürgert, die nicht unbedingt denen der Autoren und ihrer Zeit entsprechen. Außerdem hat jedes Land seine durch die eigene Sprache bedingte Art der Aussprache und Betonung entwickelt.

Im D gelten heute für das Lateinische der Autoren der römischen Literatur folgende Regeln:

a) Aussprache der Buchstaben

v = **w** :	di**v**isus =	di**w**isus
c = K :	**C**icero =	**K**ikero
s = **ß** :	divi**s**u**s** =	diwi**ß**u**ß**
ae = ä :	C**ae**sar =	K**ä**ßar (auch: Kaißar ← griech. kaisar)
oe = ö :	p**oe**na =	p**ö**na (auch: poina)
ti = **ti** :	na**ti**o =	na**ti**o (nicht: nazio)

b) Betonung der Wörter

In einer frühen Zeit muß in der lateinischen Sprache ein *dynamischer Anfangsakzent* geherrscht haben, denn lateinische Wörter werden möglichst auf der Anfangssilbe betont. Darin zeigt sich die Verwandtschaft des L mit dem D:

pátrius väˊterlich.

In der historisch faßbaren Zeit hat sich ein *musikalischer Akzent* durchgesetzt, der sich eher in der Variation der Ton*höhe* als durch den Ton*druck* ausdrückte. Unter seinem Einfluß rückte der den Ton weiter an den Schluß der Wörter. Einen solchen musikalischen Akzent gab es im Altgriechischenund gibt es heute noch im Französischen:

metallagé variatioˊn „Veränderung", „Wechsel".

Diese beiden Tendenzen haben zu einem Wechsel der Betonung in stammverwandten Wörtern geführt, der von der *Quantität,* d.h. der *Länge oder Kürze,* der *vorletzten Silbe* abhängt. Die Quantitäten der Silben ist in der Sprache streng beachtet worden; auf ihr beruht die lateinische Metrik.

Regeln für die Aktzentuierung eines lateinischen Wortes:
Grundregel 1:
Eine Silbe ist *lang*, wenn ihr tragender *Vokal* lang ist; die lateinischen Grammatiker nannten ihn lang „von Natur aus" natura, d.h. „naturlang":

_ x
me-cum.

Sie wird aber auch gelängt, wenn auf einen Vokal mehrere Konsonanten folgen (und so die Silbe längen); man nannte dies lang „durch Setzung" positione, d.h. „positionslang:

_ x
trist –is.

Grundregel 2:
Zweisilbige Wörter werden auf der *ersten* Silbe betont, gleichgültig, ob sie lang oder kurz ist:

_ x _ x
né-mo **é-**go.

Grundregel 3:
Drei- (und noch *mehr-)silbige* Wörter werden auf der *drittletzten* Silbe betont, wenn die *vorletzte kurz* ist: x x x

fa-ce-re → **fá**-ce-re;

ist die *vorletzte* Silbe dagegen *lang,* so wird diese vorletzte Silbe betont:

x _ x
vi--de-re → vi-**dé**-re (naturlang),
\- - x
per-fect-us → per-**féct**-us (positionslang).

Dieser *Dreisilbenakzent* bewirkt den *Wechsel der Beonung* bei Wörtern *der gleichen Stammklasse*:

Ro-**má**-nus	#	Ro-ma-**nó**-rum:	(vorletzte Silbe: naturlang)
„Römer" Sg. Nom.		„Römer" Plur. Gen.	
ví-de-o	#	vi-**dént**-ur	(vorletzte Silbe: positionslang)
„ich sehe"		„sie werden gesehen"	

Von der Qantität der Silbe hängt manchmal der Sinn des Wortes von ihr ab; sie ist daher genau auszusprechen:

pó-pu-lus (x x x) „Volk" # **pó-**pu-lus (- x x) „Pappel" (vgl. D fahl – Fall).

2. Begriffe der lateinischen Grammatik

Die grammatischen Begriffe der lateinischen Sprache haben griechische Philosophen des 4. und 3. Jahrhunderts v. Chr. aus ihrer eigenen Sprache abgeleitet. In Anlehnung an diese Begriffe haben lateinische Grammatiker sie wiederum auf ihre eigene Sprache angewandt und kanonisiert. Im Prinzip gelten sie auch für die modernen Sprachen, auch wenn sich in ihnen erweiternde Vorstellungen entwickelt haben.

Man unterscheidet an sprachlichen Äußerungen einzelne *Wörter* und die aus ihnen gebildeten *Sätze*. Die Wörter können voneinander in ihrer Funktion als *Wortart* unterschieden und in Bezug auf den Satz als *Satzglied* bestimmt werden.

a) Das Wort in seiner Funktion als Wortart

Die wichtigste grammatische Grundvorstellung ist die Unterscheidung von *Nomen* und *Verb*: Ein *Nomen* (Nennwort) bezeichnet eine Person oder Sache:

servus Sklave; domus Haus;

ein *Verb* (Tätigkeitswort) gibt ein Handeln oder Verhalten an:

servus accurrit ein Sklave läuft herbei.

Das *Nomen* kann ein *Substantiv* (Dingwort) sein:

Scyphus Becher;

oder es kann durch ein *Pronomen* (Fürwort) vertreten werden:

ego ich.

Das Nomen kann durch *Adjektive* (Eigenschaftswörter) charakterisiert werden:

scyphus pretiosus ein wertvoller Becher.

Jedes Nomen wird durch Angabe des *Genus* (Geschlecht) und des *Numerus* (Zahl) näher definiert. Im L gibt es wie im D drei Genera: *genus maskulinum* (männliches), *femininum* (weibliches) und *neutrum* (sächliches Geschlecht):

amicus	der Freund
porta	die Tür
donum	das Geschenk;

und es gibt, ebenfalls wie im D, zwei *Numeri*: den *Singular* (Einzahl) und den *Plural* (Mehrzahl):

amicus	der, ein Freund
amici	die, - Freunde.

⇒ Selbstverständlich stimmen die Sprachen in der Auffassung der Genera für konkrete und abstrakte Sachwörter nicht überein:

mensa: f	Tisch: m
sol: m	Sonne: f.

Das *Verb* bezeichnet eine Tätigkeit näher im Hinblick auf die handelnde *Person* und deren *Zahl*:

vocat, vocant **er** (sie, es) ruft, **sie rufen**,

außerdem durch das *Genus verbi* (die Art und Weise des Handelns) im *Aktiv* (Tatform), *Passiv* (Leideform) oder *Deponens* (Medium zwischen Aktiv und Passiv) in Bezug auf die Richtung der Handlung:

dividit	er (sie, es) teilt	Subjekt → Objekt
dividi**tur**	er (sie, es) **wird geteilt**	Subjekt ← Objekt
sequi**tur**	er (sie, es) folgt	Subjekt ←→ Subjekt

weiterhin durch das *Tempus* (Zeit) im *Präsens* (Gegenwart), *Imperfekt* oder *Perfekt* (unvollendete oder vollendete Vergangenheit), *Futur* (Zukunft) und *Plusquamperfekt* (Vorvergangenheit) bzw. *Futurum exactum* (abgeschlossene Zukunft):

voco	ich rufe
vocabam	ich rief
vocavi	ich habe gerufen
vocabo	ich werde rufen
vocaveram	ich hatte gerufen
vocavero	ich werde gerufen haben

und schließlich durch den *Modus* (die Aussageweise) im *Indikativ* (Wirklichkeitsform), *Konjunktiv* (Bindeform) oder *Imperativ* (Befehlsform):

vocas	du rufst
voces	du könntest rufen
voca!	ruf!

Diese Verbformen nennt man die *finit* (durch Angabe der Person „bestimmt").
⇒ Das L drückt die meisten dieser Aussagen durch *Endungen* aus, das D durch *Hilfsverben.*

Das Verb kann aber auch wie ein Nomen gebraucht und dekliniert werden.
Zu diesen sogenannten *infiniten* (bezüglich der Person „unbestimmten") Formen gehören im L der *Infinitiv* (Grundform):

vocare	rufen

das *Gerundium* zur Bezeichnung des deklinierten Infinitivs:

vocandi	des Rufens
usw.	

das *Partizip* („Mittelwort" zwischen Verb ← Bedeutung und Nomen ← Form):

vocatus	gesagt
vocans	rufend

das sog. *Gerundivum* zum Ausdruck einer Handlung, die noch durchzuführen ist:

vocandus	zu sagend

und das sog. *Supinum*, das vor allem den Zweck einer Handlung ausdrückt:

vocatum	zum Rufen.

Von diesen infiniten Nominalformen des Verbs sind der Infinitiv, das Gerundium und das Supinum *Verbalsubstantive* (vom Verb abgeleitete Substantive):

vocare	das Rufen
vocandi	des Rufens
vocatum	zum Rufen

das Partizip und das Gerundivum *Verbaladjektive* (vom Verb abgeleitete Adjektive):

vocatus	gerufen
vocandus	zu rufend

d.h. sie werden formal entweder wie ein Substantiv oder wie ein Adjektiv dekliniert. Von Substantiven und Adjektiven im eigentlichen Sinn unterscheidet sie ihre Herkunft von Verben und damit ihr verbaler Sinn.

Außer dem Nomen und dem Verb kennen das L und das D noch zwei weitere Wortarten, die *Präposition* (Verhältniswort):

in Sicilia	in Sizilien

und die *Konjunktion* (Bindewort):

Graeci et Romani	Griechen und Römer.

b) Das Wort in seiner Funktion als Satzglied

Im Satz haben alle Wortarten eine unterschiedliche Funktion als Satzglied:
Das ***Nomen*** kann *Subjekt* (Satzgegenstand) sein. Dann steht es immer im *Nominativ* auf die Frage "wer?" oder „was?":

Servus accurrit.	*Der Sklave* läuft herbei. (*Wer* läuft herbei?)

Es kann *Objekt* (Satzergänzung) sein, und zwar im *Akkusativ* (Richtungsfall), *Dativ* (Gebefall), *Genetiv* (Bereichsfall).
Am häufigsten kommt das Objekt im *Akkusativ* vor auf die Frage „wen?" oder „was?":

Praetor servum mittit.	Der Prätor schickt *den Sklaven.* (*Wen* schickt der Prätor?)

Etwas seltener ist das Objekt im *Dativ* auf die Frage „wem?":

Servus praetori dicit ...	Der Sklave sagt *dem Prätor ...* (*Wem* sagt der Sklave ...?)

Nur noch bei wenigen Verben steht das Objekt im *Genetiv* auf die Frage „wessen?":

Praetor scyphi meminit.	Der Prätor entsinnt sich *des Bechers.* (*Wessen* entsinnt sich der Prätor?).

Im L steht das Nomen sehr häufig im *Ablativ*. Der Ablativ bezeichnete anfangs die *Trennung* auf die Frage „woher?" „wovon?":

Roma venio	Ich komme *aus Rom.* (*Woher* komme ich?).

Dann haben sich ihm formal zwei Fälle ganz anderer Bedeutung angeglichen, nämlich der *Lokativ* auf die Frage „wo?" oder „wann?"

Syracusis sum.	Ich bin *in Syrakus.* (*Wo* bin ich?)
postero die adveni.	*Am folgenden Tag* bin ich angekommen. (*Wann* bin ich angekommen?),

und der *Instrumentalis* auf die Frage „womit?" „wodurch?":

Domus signis ornata est.	Das Haus ist *mit Statuen* geschmückt. (*Womit* ist das Haus geschmückt?).

Im Sinn des Lokativ und Instrumentalis entspricht der Ablativ den *Umstandsbestimmungen des Ortes, der Zeit* und *der Art und Weise.*
Die Nomina jeder Satzgliedart können durch *Attribute* (Beifügungen), meist in Form von Adjektiven, charakterisiert werden; sie werden erfragt durch „welcher?" „was für ein?":

Scyphos pretiosos aufert.	Er trägt die *wertvollen* Becher fort. (*Welche* Becher trägt der Sklave fort?).

Das ***Verb*** ist im Satz meist das *Prädikat* (Satzaussage) auf die Frage „was geschieht?":

servus accurrit.	Der Sklave *läuft herbei.* (*Was tut* der Sklave?).

Das Prädikat kann aus einem *Vollverb* bestehen:

Accurrit.	*Er läuft herbei,*

oder es kann aus einem *Hilfsverb* mit einem *Prädikatsnomen* (einer nominalen Erweiterung des Prädikats) bestehen; das Prädikatsnomen kann seinerseits ein *Substantiv* oder ein *Adjektiv* sein:

Verres praetor erat.	Verres *war Prätor.*
Scyphi pretiosi erant.	Die Becher *waren wertvoll.*

Das Prädikat (und auch Nomina anderer Satzglieder) kann durch ein *Adverb* (Umstanswort) näher bestimmt werden auf die Fragen „wo?" „wann?" „wie?":

Ibi erat; nuper vidi; valde gaudeo	*dort* war er; *neulich* habe ich gesehen; ich freue mich *sehr.*

3. Formenbildung lateinischer Wörter

Die lateinische Sprache gehört einer Stufe der europäischen Sprachen an, in der die *Endung* der Nomina und Verben noch in sehr starkem Maß *Sinnträger* sind. Im Laufe der weiteren Sprachentwicklung sind die Endungen verschliffen und durch andere Wortarten ersetzt worden. Das ist an den romanischen Sprachen, aber auch am D gut zu erkennen:
Im L gibt es noch *keinen Artikel:*

port**a** → **la, une** porte ~ **die, eine** Tür;

die *Personal- und Possessivpronomina* sind in der Regel durch die Endung hinreichend bezeichnet:

ven**io** → **je** viens ~ **ich** kómme
aber: ego venio ~ c´est moi, qui viens ~ ích komme
amic**us** → **mon (ton** usw.) amis ~ **mein (dein** usw.) Freúnd;
aber: meus amicus ~ cést mon amis ~ méin Freund

von den *Hilfsverben* wird nur **esse** sein versendet, und nur im Perfektbereich des Passivs:

missus **est** → il **a été** mis ~ er **ist** geschickt **worden**
aber: mittitur → il est mis ~ er wird geschickt;

auch *Präpositionen* kommen seltener als in den modernen Sprachen vor; ihr Sinn wird durch die Endung ausgedrückt:

Corinth**o** → **de** Corinthe ~ **aus** Korinth.

⇒ Die Endung muß also genau beachtet werden!

Die *erweiterte* Endung gibt oft einen bestimmten Sinn wieder; man spricht von bestimmten *Endungstypen.* Sie sind durch Ableitung von anderen Wortarten der Wortfamilie abgeleitet. Oft haben sie sich in den romanischen Sprachen in Weiterbildung aus dem Akkusativ erhalten und sind in den germanischen als Lehn- oder Fremdwörter übernommen worden:

-tio, -tionem: Ergebnis einer Handlung
corrup**tio** → corrup**tion** → Korrup**tion,** corrup**tion**
< corrumpere verderben

-tas, -tatem: Eigenschaft
humani**tas** → humani**té** → Humani**tät**, humani**ty**
< humanus menschlich

-tor, -torem: Täter
ora**tor** → ora**teur** → Ora**tor,** ora**tor**
< orare reden

-osus, -a, -um: „reich an":
fam**osus** → fam**eux** → fam**os**, fam**ous**
< fama Gerücht

--abilis, -bilis, -ilis, e: „fähig zu":
frag**ilis** → frag**il** → frag**il**
< frangere brechen

Oft lassen sich durch solche Endungstypen die Grundwörter leicht erkennen:

amare: ← amor – amabilis – amicus - amicitia
lieben: ← Liebe - liebenswert –„Liebhaber", Freund – Freundschaft.

⇒ Es ist sinnvoll und erleichtert das Verständnis der Wörter, sich solche Endungstypen und ihre Ableitungen einzuprägen.

An einem lateinischen Nomen bzw. Verb sind drei Morpheme (Bildeteile) klar zu erkennen:

1. die *Endung*; sie drückt die *Wortart* und das *Satzglied* aus:

mitt**unt**	nolo mitt**ere**	= Verb	sie schicken, ich will nicht schicken
= Prädikat	= Akk.objekt		
amic**us**	amic**um**	= Substantiv	der Freund, den Freund
= Subjekt	= Akk.objekt		

2. der *Stammlaut;* er verbindet *Nomina* der gleichen Klasse zu *Deklinationsklassen, Verben* der gleichen Klasse zu *Konjugationsklassen:*

voc**a**nt	clam**a**nt	= a- Konjugation	sie rufen, sie schreien
vid**e**nt	hab**e**nt	= e- /	sie sehen, sie haben
port**a**	lingu**a**	= a-Deklination	Tür, Sprache
r**e**s	di**e**s	= e- /	Sache, Tag;

3. die *Wortwurzel*, die Wörtern der gleichen *Familie* gemeinsam ist:

facere	**fac**inus	**fac**ilis	tun, Tat, (tubar) leicht.
= Verb	= Substantiv	= Adjektiv	

Lektion 1

Prädikat: Präsens

A Text

Verhinderte Aneignung fremden Gutes

Cicero schildert den Richtern, wie ihm der Sizilier Pamphilus erzählt habe, daß ihm Verres zwei wertvolle Trinkbecher habe entwenden wollen:

"Sedeo domi tristis. Accurrit servus. Iubet me scyphos sigillatos ad praetorem statim adferre. Permotus sum", inquit; "duo habeo. Iubeo eos promi et mecum ad praetoris domum ferri. Eo cum venio, praetor quiescit. Servi me vident. ´ Ubi sunt, Pamphile `, inquiunt, ´ scyphi? ` Ostendo eos tristis. Laudant. Incipio clamare me praeter scyphos nihil pretii habere. ´ Quid nobis das, ne a te auferantur? ` Ne multa quidem, HS mille poscunt. Vocat interea praetor, poscit scyphos. Tum illi praetori dicunt scyphos nihil pretii esse. Verres dicit idem sibi videri." Ita Pamphilus scyphos optimos aufert.

2,4,32 (vereinfacht)

Trinkbecher
Silberner Reliefbecher mit zwei Henkeln. Die aufgenietete Reliefplatte zeigt Darstellungen der Taten des Hercules. Solche prunkvollen Trinkgefäße hießen scyphi (← griech. scyphoi) sigillati (← lat. sigillum „Bildchen“).

Methodisches Vorgehen beim Übersetzen:

- Die Bedeutung eines lateinischen Wortes ist andeutungsweise durch seine eventuelle Weiterbildung in den modernen europäischen Sprachen zu erfassen. Erinnere dich zumindest am Anfang an *Lehn- und Fremdwörter im D* und an *Wörter derjenigen Fremdsprache*, die du gelernt hast.

- Eine größere Klarheit bietet die logische *Schlußfolgerung* der einzelnen *Aussagen* des Satzes. Das in dieser Beziehung wichtigste Satzglied ist das Prädikat. Der Sinn des Prädikats wiederum grenzt die Bedeutungsvarianten von Subjekt, Objekten und Umstands-bestimmungen stark ein. Präge dir daher als erstes die *grammatische Erklärung des Prädikats* ein.

- Die sichersten Bedeutungsangaben liefert zweifellos das *Lexikon*. Deswegen ist es angebracht, von Anfang an mit ihm umgehen zu lernen. Übe dich darin, unter den vorgeschlagenen Versionen die *grammatisch und sinngemäß passende* auszuwählen.

Aus diesen Prämissen ergibt sich folgende Vorgehensweise:

- Präge dir zuerst die grammatische Bildung des Prädikats anhand der Musterverben sowie seine lexikalische Zitierform ein, damit du das Prädikat des Satzes erkennen und nachschlagen kannst.

- Substantive, Adjektive und Pronomina schlage im Bereich der Wortart im Lexikon nach; die syntaktische Einordnung im Satz ergibt sich oft von der Bedeutung her.

- „Kleine Wörter" wie Präpositionen und Konjunktionen schlage ebenfalls nach und präge dir die angegebene Verwendung (Fall, Modus) ein, auch wenn sie dir vorerst noch nicht ganz verständlich ist; das erleichtert die Einübung der Satzerschließung.

- Noch nicht erklärte grammatische Satzglieder übersetze *vorläufig*.

- Wiederhole stets die bereits übersetzten Satzteile oder Sätze, um den Sinn der folgenden vorgreifend zu erfassen.

Beispiel für das methodische Vorgehen:

Satz 1:

<u>Sedeo domi tristis.</u>

sedeo:	sedeo, sedere: sitzen	ich sitze
domi:	vgl. D Domizil, FE domicil; ~ Haus	
	domus: Haus, domi zu Hause	im Haus / zu Hause
tristis:	vgl. D trist, F triste	
	tristis traurig	traurig

<u>Ich sitze traurig zu Hause.</u>

Satz 2:

<u>Accurrit servus.</u>

accurrit:	accurro, accurrere herbeieilen	er/sie/es eilt herbei
servus:	servus: Sklave	der/ein Sklave

<u>Der/ein Sklave läuft herbei.</u>

Satz 3:

<u>Iubet me scyphos sigillatos ad praetorem statim adferre.</u>

iubet:	iubeo, iubere befehlen, tun heißen	er (d.h. der Sklave) befiehlt, heißt
...		
me:	vgl. FE me; me mir, mich	
	me (*Akk.*)	mich
scyphos:	scyphus Becher, Pokal;	Becher
sigillatos:	sigillatus mit Reliefs verziert,Relief-	Relief-
scyphos sigillatos:		Reliefbecher
Iubet me scyphos sigillatos ... :		er heißt mich Reliefbecher...
ad:	zu, nach usw. (*Präp. b. Akk.*)	zu
praetorem:	vgl. D Prätor	
	praetor Prätor, Statthalter	Prätor, Statthalter
ad praetorem:		zum Prätor, Statthalter
statim:	statim (Adv.)	auf der Stelle, sogleich, sofort
adferre:	adf- s. aff- :	
	af-fero, afferre herbeitragen, bringen	bringen
ad praetorem statim adferre:		zum Prätor sofort bringen

<u>Er heißt mich Reliefbecher zum Prätor sofort bringen</u>
oder:
<u>Er befiehlt mir, Reliefbecher sofort zum Prätor zu bringen</u>.

Übersetze auf die gleiche *kombinierende* Weise weiter:

- Prädikat → Subjekt → Objekt → Umstandsbestimmung *(Dependenz-Methode):*
  vident → servi → me
  (sie) sehen → die Sklaven (sehen) ← mich:die Sklaven sehen mich.
- Wort für Wort in der Reihenfolge des Textes (*interlineare Methode*):
  cum venio, praetor quiescit
  als ich komme, der Prätor schläft: als ich komme, schläft der Prätor.
- Schließe von den übersetzten auf den Sinn der folgenden Satzaussagen (*divinatorische Methode):*
  servi me vident → inquiu**nt**: **die Sklaven** sehen mich → **sie** sagen.

B Grammatische Erklärung

Allgemeine Bemerkung zur Bildung und Verwendung des Prädikats

Das Prädikat besteht im L - wie im D – entweder aus einem selbständigen V o l l v e r b

Servus **accurrit.**	Ein Sklave **läuft herbei.**

oder aus einem H i l f s v e r b und einem P r ä d i k a t s n o m e n , das ein Substantiv oder Adjektiv sein kann:

Verres **praetor est.**	Verres **ist (ein / der) Prätor.**
Scyphi **pretiosi sunt.**	Die Becher **sind wertvoll.**

Das Prädikat ist besonders im L das aussagekräftigste Satzglied, denn

- die *Endung* lateinischer Verben drückt die *Person* aus; sie entspricht prinzipiell dem *Personalpronomen* im D, das im L nur bei besonderer Betonung steht:

-o	**ich**	(-)**e**
-s	**du**	(-)**st**
-t	**er, sie, es**	(-)**t**
-mus	**wir**	(-)**en**
-tis	**ihr**	(-)**t**
-nt	**sie**	(-)**en**

- Da die Personenendung das Personalpronomen also überflüssig macht, kann das Prädikat zugleich das Subjekt enthalten und so einen selbständigen Kurzsatz bilden:

Sede**o**.	**Ich** sitze.

- Von seiner *Endung* her läßt sich oft das *Subjekt* – sofern es ein Substantiv oder Pronomen ist -, von seiner *Bedeutung* her lassen sich weitere Satzglieder wie *Objekt*, *Infinitiv* oder *Nebensatz* erschließen:

Vocat → praetor.	Der Prätor → ruft.
P → S	S → P
Poscit → scyphos.	Er **fordert** → die Becher.
P (+ S) → O	(S) P → O
Incipio → clamare.	Ich **fange an** → zu rufen.
P (+S) → I	(S) P → I
Quid nobis **das**,	**Was gibst du** uns,
O ← P (+S)	O ← P (S)
ne a te **auferantur?**	**damit sie** dir **nicht weggenommen werden**?
→ Ns	→ Ns.

I Formenbildung

a) Aktiv

Das lateinische Verb ist im *Präsensstamm* durch einen *Stammauslaut* gekennzeichnet, der an die Wortwurzel tritt:
langes **-a-**, **-e-**, **-i-**; kurzes **-i-** bzw. **-u-** oder **Konsonant**.

Danach werden die Verben in 5 Konjugationsklassen eingeteilt:
a-, e-, i-, kurzvokalische (i-, u-) und **konsonantische Konjugation**.

An den Stammauslaut wird im Präsens direkt die Endung der Personen bzw. des Infinitivs gehängt.

Personenendungen:

Sg.	1. Pers.	**-o**
	2. Pers.	**-s**
	3. Pers.	**-t**
Pl.	1. Pers.	**-mus**
	2. Pers.	**-tis**
	3. Pers.	**-nt**

a-Konjugation	e-Konjugation	i-Konjugation	kons.Konjugat.	kurzvok.Konj.
voc-**o**	vide-**o**	audi-**o**	mitt-**o**	capi-**o**
voca-**s**	vide-**s**	audi-**s**	mitti-**s**	capi-**s**
voca-**t**	vide-**t**	audi-**t**	mitti-**t**	capi-**t**
voca-**mus**	vide-**mus**	audi-**mus**	mitti-**mus**	capi-**mus**
voca-**tis**	vide-**tis**	audi-**tis**	mitti-**tis**	capi-**tis**
voca-**nt**	vide-**nt**	audiu-**nt**	mittu-**nt**	capiu-**nt**

Lexikalische Zitierweise:
1. Pers. Sg., Infinitiv
1. Pers.Sg.: **-o** Infinitiv: **-re** bzw. **-ere**

a-Konjugation	e-Konjugation	i-Konjugation	kons.Konjug.	kurzvok.Konj.
voco, vocare rufen	video, videre sehen	audio, audire hören	mitto, mittere schicken	capio, capere fassen

⇒ *Unterschied in Betonung und Quantität des Vokals*:
vid**é**re # **mí**ttere = **cá**pere;
audio → aud**í**re capio → **cá**pere; voco → voc**á**re # mitto → **mí**ttere.

b) Passiv

Das Passiv des Präsens wird im L ebenso wie das Aktiv durch *Personenendungen* gebildet; sie sind z.T. eine Erweiterung der aktiven Endungen. Im D dagegen wird das Passiv durch Hilfsverb + Partizip Perfekt Passiv ausgedrückt:

Personenendungen:

Sg.	1. Pers.:	**-or**
	2. Pers.:	**-ris**
	3. Pers.:	**-tur**
Pl.	1. Pers.:	**-mur**
	2. Pers.:	**-mini**
	3. Pers.:	**-ntur**

Infinitiv: **-ri** bzw. **-i**

a-Konjugation	e-Konjugation	i-Konjugation	kons.Konjug.	kurzvok.Konj.
voc-**or**	vide-**or**	audi-**or**	mitt-**or**	capi-**or**
voca-**ris**	vide-**ris**	audi-**ris**	mitte-**ris**	cape-**ris**
voca-**tur**	vide-**tur**	audi-**tur**	mitti-**tur**	capi-**tur**
voca-**mur**	vide-**mur**	audi-**mur**	mitti-**mur**	capi-**mur**
voca-**mini**	vide-**mini**	audi-**mini**	mitti-**mini**	capi-**mini**
voca-**tur**	vide-**ntur**	audiu-**ntur**	mittu-**ntur**	capiu-**ntur**
voca-**ri**	vide-**ri**	audi-**ri**	mitt-**i**	cap-**i**

⇒ *Unterscheide die Betonung*:
vidéris # mítteris, cáperis; audítur, audímur # míttitur, míttimur, cápitur, cápimur.

c) Deponens

Es gibt im L Verben, die nur *passive Formen* haben; diese aber haben *aktive Bedeutung*; es handelt sich um die sog. D e p o n e n t i e n .

In ihnen ist eine Art von Verben zu erkennen, die sonst im L verlorengegangen ist: das sogenannte M e d i u m („Mitte"), eine Form *zwischen* Aktiv und Passiv. Durch das Medium wird ausgedrückt, daß die Handlung nicht nur vom Subjekt aktiv nach außen wirkt:

praetor vocat **S → O** (servum) der Prätor ruft **S → O** (den Sklaven)

oder passiv von außen auf es einwirkt:

servus vocatur **S ← O** (a praetore)der Sklave wird gerufen **S ← O** (vom Prätor),

sondern von ihm ausgeht und auch auf es selbst zurückgerichtet ist:

Verres versatur **S ↔ S** Verres hält sich auf **S ↔ S**

Meist ist der mediale Sinn jedoch nicht mehr klar zu erkennen, die Verben werden einfach *aktiv* übersetzt:

arbitrari	glauben
sequi	folgen.

Die Deponetien werden wie das *Passiv aktiver Verben* gebildet:

Sg.	1. Pers.:	**-or**
	2. Pers.:	**-mini**
	3. Pers.:	**-ntur**
Pl.	1. Pers.:	**-mur**
	2. Pers.:	**-ris**
	3. Pers.:	**-tur**

a-Konjugation	e-Konjugation	i-Konjugation	kons.Konjug.	kurzvok.Konj.
arbitr-**or**	vere-**or**	larg**i-or**	loqu-**or**	pat**i-or**
arbitr**a-ris**	vere-**ris**	larg**i-ris**	loque-**ris**	pate-**ris**
arbitr**a-tur**	vere-**tur**	larg**i-tur**	loqui-**tur**	pat**i-tur**
arbitr**a-mur**	vere-**mur**	larg**i-mur**	loqui-**mur**	pat**i-mur**
arbitr**a-mini**	vere-**mini**	larg**i-mini**	loqui-**mini**	pat**i-mini**
arbitr**a-ntur**	vere-**ntur**	larg**iu-ntur**	loq**uu-ntur**	pat**iu-ntur**

Lexikalische Zitierform:
1. Pers.Sg.: **-or** Infinitiv: **-ri bzw. –i**

a-Konjugation	e-Konjugation	i-Konjugation	Kons.Konjug.	kurzvok.Konj.
arbitr-**or**	vere-**or**	larg**i-or**	loqu-**or**	pat**i-or**
arbitr**a-ri**	vere-**ri**	larg**i-ri**	loqu-**i**	pat-**i**
glauben	fürchten	schenken	sprechen	dulden

II Bedeutung

a) Präsens

1 Im Präsens wird meist die aktuelle Gegenwart des Sprechenden wiedergegeben:

Hic est, respondet. — Hier ist er, er antwortet (*Cicero weist auf Verres*).

2 Im Präsens kann aber auch ein Vorgang geschildert werden, der zwar in der Vergangenheit liegt, aber durch Wechsel des Sprechenden ins Präsens *innerlich* vor dem geistigen Auge vergegenwärtigt wird: „historisches" Präsens (praesens historicum):

Nautas vocari iubet; veniunt. — Er läßt die Matrosen rufen; sie kommen. (*Cicero erzählt ein vergangenes Ereignis*) eig.: Er ließ ... rufen; sie kamen.

3 Im Sinn eines historischen Präsens kann auch der Infinitiv verwendet werden: sog. "historischer" Infintiv (infinitivus historicus):

Rubrius instare. — Rubrius drängt (eig.: drängte).

b) Passiv

1 Das Passiv drückt Handlungen aus, die an Personen oder Sachen vollzogen werden:

Statuae reponuntur.	Die Standbilder werden zurückgebracht.

Die Person, von der die Handlung vollzogen wird, wird durch die Präposition a, ab mit Ablativ, im D durch „von" mit Dativ ausgedrückt:

Statuae **ab** Agrigent**inis** reponuntur.	Die Statuen werden **von den** Agrigentiner**n** zurückgebracht.

2 Zuweilen hat das Passiv im L den Sinn, der im D durch ein reflexives oder intransitives Verb ausgedrückt wird:

Tempestas seda**tur**.	Der Sturm legt **sich**.
Navis frangi**tur**.	Das Schiff **zerbricht / zerschellt.**

c) Deponens

1 Der *mediale* Sinn der Deponentien wird im D manchmal durch *reflexive* Verben ausgedrückt:

laetari	sich freuen

2 Manchmal kann er im D durch ein *intransitives* Verb bezeichnet werden:

oriri	entstehen

3 In der Regel aber haben die Deponentien *aktiven* Sinn und entsprechen aktiven Verben:

arbitrari (= putare)	glauben

4 Die passiven Formen mancher aktiven Verben können auch medialen Sinn bekommen:

lavari ← lavare	gewaschen werden
und:	sich waschen

C Aufgaben

I. Zum Text

1. Ordne dieWörter des Textes nach Wortarten und lerne ihre Bedeutung im Text.
2. Notiere die Wortgruppen und präge sie dir ein.
3. Interpretiere den Text: Was ist ihm zu entnehmen über **a)** das Thema (den „Fall"), **b)** die Situation (Personen, Orte, Zeitpunkte), **c)** die Art der Darstellung?
4. Lies den Text laut. **a)** Vorbereitend bestimme die Längen und Kürzen der Silben (- x) und setze einen Akzent auf die betonte Silbe (´). **b)** Lies zuerst Wort für Wort, dann Wortblöcke, Sätze, Satzgruppen und schließlich den ganzen Abschnitt durchlaufend. Geniere dich nicht: in der Antike gab es kein stummes Lesen und – Cicero war ein berühmter Redner!

II. Zur Grammatik

a) Aktiv

1. Lerne von den Verben des MW die 1. Pers. Sg.und den Infinitiv; konjugiere je ein Verb jeder Klasse.
2. Schlage folgende Formen im Lexikon nach, bestimme anhand des Infinitivs die Konjugationsklasse und übersetze sie,

z.B.: paro: parare, a-Dekl.: vorbereiten

cedo - dico - moneo - nuntio - nescio - relinquo - intellego - credo - statuo - facio.

3. Überlege, zu welcher Konjugationsklasse die folgenden Infinitive gehören können, schlage die 1. Pers. Sg. im Lexikon nach und übersetze sie:

z.B.: adimere → adimo, kons. Konj.: ich nehme weg

censere – servare – contemnere – dubitare – scire – gerere – iubere – perficere – parére – parere.

4. Überlege, wie die 1. Pers. Sg. der folgenden Formen lautet, schlage sie im Lexikon nach und übersetze die gegebene Form

z.B.: nominare: nomino; er (sie, es) nennt.

tenes - dicunt - ponit - petimus - vivitis - facis - rapit - agimus - emunt - duco.

5. Verfahre genauso bei folgenden zusammengesetzten Verben (Komposita):

producis - reposcitis - abstinent - attendimus - discedis - reddit - conveniunt - confluit - accipiunt - perficit - existimamus.

6. Zu welchem einfachen Verb (Simplex) gehört in den folgenden Fällen das zusammengesetzte (Kompositum)? Wie lautet die Vorsilbe? Welchen Sinn hat sie (lt. Lexikon)? Welchen Sinn erhält also das zusammengesetzte Verb durch sie?

z.B.: conduco: duco, con-: zusammen-führen.

adduco - perduco - induco - reduco - produco - abduco - educo.

interrumpo - praepono - importo - discedo - provideo - permoveo - redimo - promitto.

b) Passiv

1. Konjugiere 5 Verben jeder Konjugationsklasse des MW im Passiv.

2. Vergleiche und übersetze:

z.B.: damno – damnor: Akt. – Pass.: ich verurteile – ich werde verurteilt.

servas - servaris; postulat - postulatur; vexamus - vexamur; laudatis - laudamini; rogant - rogantur.

3. Übersetze; nachdem du die 1. Pers. Sg. Akt. gebildet und nachgeschlagen hast:

z.B.: reponuntur → repono; sie werden zurückgelegt.

ducitur - consumitur - prohiberis - defendimur - accusamini - timentur – geritur - defenderis - contemnor.

c) Deponens

1. Lerne die Deponentien des MW.

2. Bilde die 1. Pers. Sg., schlage nach und übersetze die folgenden Formen,

z.B.: loqueris: loquor; du sprichst.

assequitur – arbitramur – conamini – nascuntur – pateris – polliceris – proficiscuntur – suspicatur – tuemur – utitur.

3. Vergleiche die Verbart und übersetze,

z.B.: loquor - dico: Deponens – Aktiv: ich spreche.

arbitratur = putat; patiuntur = sinunt; tueris = vides; conamur = audent.

Lektion 2

Subjekt: Nominativ

A Text

Nächtlicher Einbruch in einen Tempel

Verres hat seinen Sklaven befohlen, die Statue des Herkules aus dessen Tempel zu stehlen. Der Einbruch scheitert jedoch am Widerstand der Bewohner:

Herculis templum est apud Agrigentinos non longe a foro, sanctum et religiosum apud illos.
Ibi est ex aere simulacrum Herculis. Rictum signi ac mentum attritum est, quod in precibus non solum id venerari, sed etiam osculari solent.
Cum Verres Agrigenti esset, ad hoc templum nocte intempesta concursus servorum armatorum fit. Clamorem tollunt vigiles et custodes fani, qui primo obsistere ac defendere conantur; deinde mulcati clavis ac fustibus repelluntur. Postea signum demoliri et labefactare conantur.
Interea ex clamore fama tota urbe percrebrescit: Expugnantur dei patrii! Omnes eo nuntio surgunt et tela arripiunt. Brevi tempore ad fanum ex urbe tota concurrunt. Horam iam multi homines signum demoliri conantur. Illud autem nulla ex parte labat. Ac repente Agrigentini accurrunt. Fit magna lapidatio. Fugiunt praeclari imperatoris nocturni milites.

2,4,94-95

Hercules

Hercules mit dem Fell des nemeischen Löwen über dem linken Arm, den rechten auf seine Keule gestützt. Marmorkopie nach einem hochklassischen Original aus Bronze des Bildhauers Myron.

Methodisches Vorgehen beim Übersetzen:

- Lerne die grammatische Erklärung des Subjekts. Merke dir die Zitierweise von Substantiv, Adjektiv (und Partizip Perfekt Passiv), damit du erfährst, um welche dieser Wortarten es sich im Text handelt; z.B.
  nocte intempesta:
  nocte: St. noc- ← nox, noctis f.: *Substantiv*
  intempesta: St. intempest- → intempestus, a, um: *Adjektiv*

- Die Endung des Adjektivs klärt oft, zu welchem Substantiv es gehört:
  intempesta: *f. Sg.* → nocte: *f. Sg.*
  Endgültig aber entscheidet dies erst die Bedeutung der Wörter, besonders wenn es sich um mehrere substantivische Satzglieder handelt, auf die sich die Adjektive beziehen können:
  fama tota urbe:
  fama, famae, f. Gerücht; urbe: St. urb- ← urbs, urbis, f.
  tota: ← totus, a, um ganz
  →„das ganze Gerücht verbreitet sich in der Stadt"
  oder: →„das Gerücht verbreitet sich in der ganzen Stadt"?

- Zusammen mit dem Prädikat kannst du nun einen „Kurzsatz" bestimmen und übersetzen: Das Subjekt ist entweder ein eigenes Nomen oder durch die Endung des Prädikats indirekt pronominal ausgedrückt; z.B.
  milites fugiunt: Die Soldaten fliehen.
  concurrunt: sie laufen her.

- Beachte die Angaben zum syntaktischen Gebrauch der Wortarten im Lexikon; im D ist oft eine andere Verwendung üblich; z.B.
  apud: Präp. mit *Akk.*: bei (mit *Dat.*); nulla ex parte: *auf* keiner Seite.
- Auch Namen werden im Lexikon erklärt; lies die Ausführungen und merke dir die für den Text wichtigsten Angaben; z.B.
  Hercules: „griech. Herakles; Held der Tapferkeit u. Stärke, Geber des Reichtums";
  Agrigentum: „griech. Kolonie an der Südküste Siziliens".
  Übersetze zuerst so wörtlich wie möglich; dann überlege, ob im D nicht eine andere Version üblicher und sinngemäßer ist.

Beispiel für das methodische Vorgehen:
Satz 1:

<u>Herculis templum est apud Agrigentinos non longe a foro, sanctum et religiosum apud illos.</u>

Herculis:	Hercules, is, m Herkules	des Hercules
templum:	vgl. D Tempel FE temple	
	templum, i n	Tempel
est:	vgl. D ist F est E is	ist.
Herculis templum est		des Herkules Tempel ist
apud :	*Präp .m. Akk.*	bei.
Agrigentinos:	Agrigentini, orum m*Einw. v.* Agrigentum, i n:	Agrigentiner
apud Agrigentinos:		bei den Agrigentinern.
Herculis templum est apud Agrigentinos:		des Herkules Tempel ist bei den Agrigentinern

non:		nicht
longe:	longus, a, um	lang, weit
a:	*Präp. m. Abl.*:	von
foro:	forum, i n	Forum, Marktplatz
non longe a foro:		nicht weit vom Marktplatz
sanctum:	sanctus, a, um	heilig
religiosum:	religiosus, a, um	ehrwürdig, verehrt
illos:	ille, illa, illud *Pron.*:	jener
apud illos:		bei jenen
sanctum et religiosum apud illos:		geheiligt und ehrwürdig bei jenen.

„Wörtliche" Übersetzung:
Des Herkules Tempel ist bei den Agrigentinern nicht weit vom Marktplatz, heilig und ehrwürdig bei jenen.

„Freie" Übersetzung:
Der Tempel des Herkules befindet sich in Agrigent nicht weit vom Forum und ist den Agrigentinern heilig und ehrwürdig.

B Grammatische Erklärung

Allgemeine Bemerkung zum Subjekt im L und D

Das Subjekt ist – nach dem Prädikat - das zweitwichtigste Glied im lateinischen Satz. Der Kasus des Subjekts ist der Nominativ und gibt Auskunft auf die Frage: "Wer oder was geschieht?"

Es bildet mit dem Prädikat einen Kurzsatz:

Clamor tollitur.	**Geschrei** wird erhoben.
Wer oder was wird erhoben*?*	

Die E n d u n g ist im L beim Nomen ebenso wichtig wie beim Verb: Sie ersetzt den A r t i - k e l ; der hat sich erst im gesprochenen Latein der nachklassischen Zeit gebildet, als die Endungen abgeschliffen und einander angeglichen wurden. Die Wahl des Artikels entscheidet der Kontext:

clamor	**das** oder **ein** Geschrei; oder nur: Geschrei.

I Formenbildung

a) Substantive

Die lateinischen Substantive sind - ebenso wie die Verben - durch einen bestimmten *Stammauslaut* gekennzeichnet, der auf die Wortwurzel folgt. Diese Laute sind
die Vokale **-a-, -o-, -u-, -e-, -i-** oder **Konsonanten**.

Dementsprechend hat man die Substantive in 6 Deklinationsklassen eingeteilt:
a-, o-, u-, e-, i- und **konsonantische Deklination**;
dazu kommt noch eine (aus i- und konsonantischen Stammlauten) **gemischte Deklination**.

An den Stammauslaut tritt das Zeichen für den Kasus. Es lautet im Nominativ

Maskulina der o-Deklination; a-Deklination: **- e < - i**
-s Maskulina und Femina aller übrigen Deklinationen
-a Neutra aller Deklinationen

o-Deklination		a-Deklination	u-Deklination	e-Deklination
amic-**us** amic-**i**	consili-**um** consili-**a**	port-**a** port-**ae**	magistrat-**us** magistrat-**us**	r-**es** r-**es**

konson. Deklination		i-Deklination		gemischte Deklination	
civitas civitat-**es**	nomen nomin-**a**	secur-**is** secur-**es**	mar-**e** mar-**ia**	civ-**is** civ-**es**	pars part-**es**

Lexikalische Zitierweise:
Nominativ Sg., Genetiv Sg. (letzter gleichbleibender Laut + Endung), Geschlecht

o-Deklination	a-Deklination	u-Deklination	e-Deklination
amicus, i m Freund consilium, i n Plan	porta, ae f Tür	magistratus, us m Amt, Beamter	res, ei f Sache

konson. Deklination	i-Deklination	gemischte Deklination	
civitas, atis, f Bürgerschaft, Gemeinde nomen, minis n Name	securis, is f Beil mare, ris, n Meer	civis, is m Bürger	pars, tis f Teil

∞ **Zusatz:**

Einige Substantive der o-Deklination enden nicht auf -us, sondern auf -er; das -e- behalten sie entweder bei oder sie haben es in den übrigen Kasus abgestoßen:

pu-**er**, pu-**eri** lib-**er**, lib-**ri**

Lexikalische Zitierweise:

puer, eri m Knabe liber, bri m Buch(rolle)

⇒ *Unterschiedliche Deklinationsklassen können gleiche Endung haben:*
-us: amic**us** (o-Dekl. Sg.) ~ magistrat**us** (u-Dekl. Sg. u. Pl.)
-es: **res** (e-Dekl. Sg. u. Pl.) ~ civitat**es**, secur**es**, civ**es**, part**es** (kons., i-, gem. Dekl. Pl.)
-is: secur**is** (i-Dekl. Sg.) ~ civ**is** (gem. Dekl. Sg.)

⇒ Das G e s c h l e c h t der Substantive wird meist durch die E n d u n g der Deklinationsklasse ausgedrückt:

o-Deklination:	**-us**	= **Maskulinum**	amicus
	-um	= **Neutrum**	consilium
a-Deklination:	**-a**	= **Femininum**	porta
u-Deklination:	**-us**	= **Maskulinum**	magistratus
i-Deklination:	**-is**	= **Femininum**	securis
	-e (-al, ar)	= **Neutrum**	mare (animal, exemplar)
kons. Deklin.:	**-s** bzw. -	= **Maskulinum** oder **Femininum**	consul, miles civitas
	-	= **Neutrum**	nomen
gem. Deklin.:	**-s**	= **Maskulinum** oder **Femininum**	mons pars

Vor allem bei den Substantiven der k o n s o n a n t i s c h e n Deklination ist es sinnvoll, einen abhängigen Kasus anzugeben, weil nur so der Stammkonsonant zu erkennen ist. Dieser Kasus ist traditionsgemäß der Genetiv Singular. Unter dem Einfluß eines –s im Nominativ wird der Stammkonsonant entweder verändert oder abgestoßen:

civita**s**, civita**tis**	lau**s**, lau**dis**	Stamm –t-, -d- (Dental)	-ts, ds → s
pa**x**, pa**cis**	le**x**, le**gis**	Stamm –c-, -g- (Gutturale)	-cs, -gs → x
natio, natio**nis**		Stamm –n- (Nasal)	-n- → -.

b) Adjektiv

Die lateinischen Adjektive werden prinzipiell wie die Substantive gebildet:
An die Wortwurzel tritt der Stammauslaut, der sich mit dem Kasus- bzw. Numeruszeichen zur Endung verbindet.
Man unterscheidet (nur) drei Deklinationsklassen:

o- /a- / o-, i-Deklination und konsonantische Deklination.

o-/a-/o-Deklination			konsonantische Deklination	
m	f	n	m / f / n	
			m / f	n
long-**us**	long-**a**	long-**um**	vetus	
long-**i**	long-**ae**	long-**a**	veter-**es**	veter-**a**

i-Deklination						
m / f	n	m	f	n	m / f / n	
		m / f		n	m / f	n
fort **is**	fort-**e**	celer	celer-**is**	celer-**e**	audax	
fort-**es**	fort-**ia**	celer-**es**		celer-**ia**	audac-**es**	audac-**ia**

Lexikalische Zitierweise:

Adjektive mit drei Endungen:	**Nominativ Sg. m, Endung f und n**
Adjektive mit zwei Endungen:	**Nominativ Sg. m /f, Endung n**
Adjektive mit einer Endung:	**Nominativ Sg., Endung Gen. Sg. (!)**

o-/a-/o-Deklination	Konsonantische Deklination
longus, a, um lang	vetus, -teris alt

i-Deklination		
fortis, e tapfer	celer, is, e schnell	audax, acis kühn

∞ Zusatz:

Auch einige Adjektive der o-Deklination enden im Nominativ Sg. m nicht auf –us, sondern auf –er und stoßen das –e- ab oder behalten es in den übrigen Formen:

liber, liber-**a**, liber-**um** pulcher, pulchr-**a**, pulchr-**um**

Lexikalische Zitierweise:

liber, a, um frei pulcher, chra, chrum schön.

∞ **Vorgriff:**
Das *Partizip Perfekt Passiv* wird wie ein Adjektiv der o-/a-Deklination gebildet:
vocat- **us, -a, -um** ~ long-**us, -a, -um**.
Das Lexikon verweist in diesem Fall auf die lexikalische Zitierform des Verbs:
vocatus, a, um s. voco.

⇒ Die *Endung* kennzeichnet das *Geschlecht:*
bei den (im Nom. Sg.) dreiendigen Adjektiven die drei Genera:
-us und –er: m   -a und -is: f   -um und -e: n
bei den zweiendigen Adjektiven die erste m und f, die zweite n:
-is: m und f   -e: n;
bei den einendigen Adjektiven m f und n:
audax, vetus: m , f und n.

Adjektive (und Partizipien) stimmen mit dem Substantiv, auf das sie sich beziehen, in Kasus, Numerus und Genus überein; d.h. sie stehen im Nominativ, wenn sie sich auf das Subjekt beziehen. Im *Satz* können sie verschiedene *Funktionen* haben:

- **Attribut**
  Dei **patrii** expugnantur!   Die **einheimischen** Götter werden erobert!
- **Prädikatsnomen**
  Templum **sanctum** est.   Der Tempel ist **heilig.**
- **Prädikativum**, wenn ein Zustand ausgedrückt wird (im D Adverb!)
  Sedeo **tristis** domi.   Ich sitze **traurig** zu Haus.

Die Übereinstimmung zwischen Substantiv und Adjektiv ist einfach zu erkennen, wenn beide der gleichen Deklinationsklasse angehören:
popul**us** Roman**us**   das römische Volk
= o-Dekl. m
disciplin**a** Etrusc**a**   die etruskische Lehre
= a-Dekl. f
templ**um** alt**um**   der hohe Tempel
= o-Dekl. n

Meist ist das jedoch nicht so; die beiden Wortarten gehören verschiedenen Deklinationsklassen an und ihre Endungen stimmen nicht überein:
vit**a** brev**is**, ar**s** long**a**
= a-, = i-;   = ks.,= a-Dekl.
In diesem Fall ist es wiederum nützlich, das Lexikon zu befragen: Die Genusangabe des Substantivs verweist auf das zugehörige Adjektiv; z.B.:
multi homines ... conantur
homo, minis **m**
homines conantur: Subjekt; Nom. Pl. der kons. Dekl.
multi (homines): Attribut; Nom. Pl. der o-Dekl.
→ „viele Menschen versuchen“.

II Bedeutung und Verwendung des Subjektskasus

Das Subjekt steht immer im Nominativ; der Nominativ ist der Kasus des Subjekts. Im Nominativ stehen auch alle auf das Subjekt bezogenen Nomina:

- **Prädikatsnomen** mit der entsprechenden Personalform von esse:
  Verres **praetor est**. — Verres **ist ein Prätor**.

- **Attribut:**
  Verres **praetor** in Siciliam venit. — **Der Praetor** Verres kommt nach Sizilien.

- **Apposition:**
  Verres, **praetor** populi Romani, in Siciliam venit. — Verres, **Prätor** des römischen Volkes, kommt nach Sizilien.

- **Prädikativum:**
  Verres **praetor** in Siciliam venit. — Verres kommt **als Prätor** nach Sizilien.

Die beiden letzten Formulierungen sind im L nicht voneinander zu unterscheiden, weil das Attribut in der Regel *hinter* dem Substantiv steht, besonders wenn es sich um Adjektive handelt, die ein Amt oder einen Zustand bezeichnen:

Cicero consul		Der Konsul Cicero
	oder:	Cicero als Konsul
Cicero laetus domum venit		Der frohe Cicero kommt nach Hause
	oder:	Cicero kommt froh nach Hause.

C Aufgaben

I. Zum Text

1. Lerne die neuen Wörter und Wortgruppen wie zu L1
2. Überprüfe Subjekte und Prädikate von Text 1; bestimme die Zitierform der Subjekte genau (Genetiv, Genus, Deklinationsklasse).
3. Interpretiere den Text: Wo und was geschieht? Wie lautet das Vergehen? Wie sieht der Streitgegenstand aus?
4. a) *Übersetze* den lateinischen Text noch einmal im Zusammenhang (ohne Blick auf die Notizen). Hast du ihn verstanden? Gib den Inhalt in eigenen Worten wieder.
b) *Rezitiere* den lateinischen Text laut. Achte dabei zunächst auf exakte Betonung und Aussprache eines jeden Wortes, lies also *Wort für Wort*. In einem zweiten Durchgang aber sprich die *Wortblöcke* zusammenhängend und hebe die wichtigen Satzaussagen deutlich hervor - Cicero war kein Holzhacker, sondern ein Redner!

II. Zur Grammatik

1. Lerne die Substantive und Adjektive des MW.

2. a) Bestimme Deklinationsklasse und Genus folgender Substantive:
populus - cura - templum - lex - natio - opera - iudex - officium - dies - signum - manus - vir.
b) Bilde umgekehrt den Plural und übersetze:
dei - sententiae - reges - libidines - crimina - aratores - genera - naves - parentes - tempora – portus – portae – onera – itinera.

3. a) Schlage folgende Adjektive nach, bestimme die Deklinationsklasse und bilde die Genera im Sg. und Pl.:
vivus - integer - omnis - innocens - cupidus - nefarius - sacer - similis - impudens - novus.
b) Bilde umgekehrt die lexikalische Zitierform übersetze sie:
aequi - praeclari - parvi - turpes - audaces - absentes - antiqui - mali - sancti - vehementes.

4. Übersetze folgende Wortgruppen:
cupiditas nefaria - libidines scelerosae - homo novus - mulier innocens - omnes urbes - pueri integri - mare altum - navis oneraria - portus amplus - praedo audax.
Bilde zu den obigen Formen den Singular bzw. Plural.

5. Übersetze:

1. Magistratus in forum veniunt.
2. Reus defenditur.
3. Praedones vagantur.
4. Viri fortes civitatem defendunt.
5. Urbes universae vastantur.
6. Homo vivus capitur.
7. Cicero Verrem accusat. Verres a Cicerone accusatur.
8. Sicilia prima provincia populi Romani est.
9. Templum Herculis Agrigenti est. Agrigentini templum venerant.
10. Templum Herculis fanum religiosum est.

Lektion 3

Prädikat:
Imperfekt

A Text

Raub einer Statue der Göttin Diana

Verres verlangt von den Bewohnern der Stadt Segesta eine Statue der Diana, die die Karthager ihnen (im 5.Jh. v. Chr.) geraubt und P. Scipio Africanus ihnen nach der Eroberung Karthagos (im 3. Punischen Krieg 145 v. Chr.) zurückgegeben hatte:

Dianae statua erat posita excelsa in basi, in qua grandibus litteris P. Africani nomen erat incisum. Colebatur a civibus, ab omnibus advenis visebatur; cum quaestor essem, nihil mihi ab illis est demonstratum prius. Erat amplum et excelsum signum cum stola; verum tamen inerat in illa magnitudine aetas atque habitus virginalis. Sagittae pendebant ab umero, sinistra manu retinebat arcum, dextra ardentem facem praeferebat.
Hanc cum iste sacrorum omnium hostis praedoque vidisset, imperat magistratibus ut eam demoliantur et sibi dent. Illi vero dicere id sibi nefas esse. Iste tum petere ab illis, tum minari, tum spem, tum metum ostendere. Opponebant illi nomen P. Africani; populi Romani illud esse dicebant. Res agitur in senatu. Postea Segestanis praeter ceteros frumentum imponebat. Magistratus eorum evocabat; optimum quemque ad se arcessebat; singillatim uni cuique calamitati fore se denuntiabat; universis se illam civitatem eversurum esse minabatur.

(2, 4, 74-76)

Diana
Diana in langem Gewand (stola), die in der rechten Hand eine Fackel (fax), in der linken einen Bogen (arcus) hält; tönerne Votivscheibe frühklassischer Zeit. Diana (griech. Artemis) ist eigentlich die Göttin der Jagd und der wilden Tiere und trägt gewöhnlich ein kurzgeschürztes Gewand und über der Schulter einen Köcher mit Pfeilen. Das *lange* Gewand und die *Fackel* kennzeichnen dagegen *Ceres* (griech. Demeter), die Göttin des Getreides, die im getreidereichen Sizilien besonders hoch verehrt wurde. Die von Cicero geschilderte Statue trägt Züge von beiden Gottheiten.

Methodisches Vorgehen bei der Übersetzung

- Lies die grammatische Erklärung des Imperfekts durch.
- Bestimme und übersetze Satz für Satz zunächst das Prädikat, dann das Subjekt und die Wörter, die sich auf das Subjekt beziehen (Kurzsatz).
- Überlege, in welcher Zeitform das Prädikat wiederzugeben ist, z.B.:

statua **erat posita**	die Statue **stand**
Zustand	
cole**batur**	sie **wurde verehrt**
wiederholte Handlung	
imperat	er **befahl**
historisches Präsens	
petere	er **verlangte**.
historischer Infinitiv.	

- Bestimme und übersetze dann die übrigen Wörter und Wortblöcke in der Reihenfolge, wie sie im Text stehen:
  - suche die Zitierform zu bilden;
  - kleine Wörter schlage in ihrer Textform nach.
- Noch nicht klärbare Formen von Verben, Substantiven und Adjektiven erfasse von den bereits erfaßten Satzaussagen her.
- Gar nicht verständliche Wörter laß vorerst unübersetzt: Sie klären sich bei späteren Durchgängen durch den Text.

Beispiel für das methodische Vorgehen
Satz 1:
Dianae statua erat posita excelsa in basi, in qua grandibus litteris P. Africani nomen erat incisum.

Prädikat:

erat:	-t: er,sie,es –	
posita:	*PPP* posita: *f Sg. a-Dekl.*	
	→ pono: legen, stellen, setzen	
	positus	gelegt, gestellt, gesetzt
erat posita:		war gelegt, gestellt, gesetzt.

Subjekt:

statua:	*f Sg. a-Dekl.*: Statue	
statua erat posita		die Statue (war gestellt) stand
Dianae:	Diana *Göttin der Jagd, griech. Artemis*	
Dianae statua		die Statue der Diana
excelsa:	*f Sg. a-Dekl.*	
	excelsus:	emporragend, hoch
in:	*Präp. m. Abl.* in, an, auf	
basi:	*f (gr. Fr.)* Basis, Sockel	
excelsa in basi		auf einer hohen Basis
in qua:	*f Sg. Rel.pr.*	
	→ qui, quae, quod	in / an / auf welcher

Prädikat:
incisum: *n Sg. o-Dekl. PPP*
→ incido[2] einschneiden, eingraben
incisus: eingeschnitten, eingegraben

Subjekt:
nomen: der Name
in qua nomen erat incisum — in welcher der Name eingeschnitten war
grandibus: → grandis, e: groß
litteris: → littera, ae, f: Buchstabe
grandibus litteris — in großen Buchstaben
P.: *(Abk.) Publius (Vorname)*
Africani: → Africanus *(Beiname Scipios)*
P. Africani nomen — der Name des Publius Afrikanus

Übersetzung:
Die Statue der Diana stand auf einer hohen Basis, in die der Name des Publius Afrikanus eingemeißelt war.

B Grammatische Erklärung

I Formenbildung

a) Aktiv und Passiv

Das Imperfekt ist prinzipiell wie das Präsens gebildet:
An den Präsensstamm treten die Personenendungen des Aktviv und Passsiv.
Zwischen Stamm und Endung steht allerdings ein das Imperfekt kennzeichnendes Morphem:
Präsensstamm + (e)ba + Personenendung
Von den Personenendungen unterscheidet sich nur die 1.Pers. Sg. Akt. von denen des Präsens:
-m (statt -o).

	a-Konjugation	e-Konjugation	i-Konjugation	kons.Konjug.	kurzvok.Konj.
Aktiv	voca-**ba-m** voca-**ba-s** voca-**ba-t** voca-**ba-mus** voca-**ba-tis** voca-**ba-nt**	habe-**ba-m** habe-**ba-s** habe-**ba-t** habe-**ba-mus** habe-**ba-tis** habe-**ba-nt**	audi-**eba-m** audi-**eba-s** audi-**eba-t** audi-**eba-mus** audi-**eba-tis** audi-**eba-nt**	mitt-**eba-m** mitt-**eba-s** mitt-**eba-t** mitt-**eba-mus** mitt-**eba-tis** mitt-**eba-nt**	capi-**eba-m** capi-**eba-s** capi-**eba-t** capi-**eba-mus** capi-**eba-tis** capi-**eba-nt**
Passiv	voca-**ba-r** voca-**ba-ris** voca-**ba-tur** voca-**ba-mur** voca-**ba-mini** voca-**ba-ntur**	habe-**ba-r** habe-**ba-ris** habe-**ba-tur** habe-**ba-mur** habe-**ba-mini** habe-**ba-ntur**	audi-**eba-r** audi-**eba-ris** audi-**eba-tur** audi-**eba-mur** audi-**eba-mini** audi-**eba-ntur**	mitt-**eba-r** mitt-**eba-ris** mitt-**eba-tur** mitt-**eba-mur** mitt-**eba-mini** mitt-**eba-ntur**	capi-**eba-r** capi-**eba-ris** capi-**eba-tur** capi-**eba-mur** capi-**eba-mini** capi-**eba-ntur**

b) Deponens

Die Formen des Deponens entsprechen denen des Passivs:

arbitra-**ba-r**	~	voca-**ba-r**	vere-**ba-r**	~	vide-**ba-r**
largi-**eba-r**	~	audi-**eba-r**	loqu-**eba-r**	~	mitt-**eba-r**
pati-**eba -r**	~	capi-**eba-r.**			

II Bedeutung des Imperfekts und seine Übersetzung ins D

Das Imperfekt bezeichnet Zustände und dauernde bzw. wiederholte Handlungen, die sich in der Vergangenheit abgespielt haben. Es entspricht dem Präteritum (1. Vergangenheit) im D. Da auch das lateinische Perfekt z.T. in der 1. Vergangenheit wiedergegeben wird, ist der spezielle Sinn des lateinischen Imperfekts im D allenfalls durch Adverbien wie "stets", "dauernd", "immer wieder" auszudrücken. Das aber wirkt ermüdend, und es gilt:

Imperfekt im L:	Präteritum im D:
Segestani Dianam colebant. *= wiederholte Handlung*	Die Segestaner verehrten Diana.
Erat hiems summa. *= Zustand*	Es herrschte tiefster Winter.

C Aufgaben

I. Zum Text:

1. Lerne die neuen Wörter und Wortblöcke.

2. Interpretation: Wie sah die Statue der Diana aus? Was bedeutete sie den Bewohnern?

II. Zur Grammatik:

1. Lerne die Pronomina des MW.

2. Bilde das Imperfekt zu folgenden Formen des Präsens und übersetze sie:

a) accuso - cogito - libero - do - careo - teneo - iubeo - scio - sentio - decerno - pono - cedo - eripio - facio - suscipio.

b) nominantur - ornat - redditis - cares - iubent - convenimus - decernitur - quaerunt - consulis - contemnimur - ducis - vinceris.

c) arbitraris - versantur - opinor - loquimini - proficiscitur - uteris; audent - soles; revertitur.

3. Bilde das Präsens zu folgenden Formen des Imperfekts und übersetze sie, nachdem du die Zitierform gebildet und nachgeschlagen hast:

a) negabat - perdebam - movebamus - videbant - veniebat - petebamus - legebas - cogebatis.

b) confirmabatur - rogabamur - videbamini - ponebantur.

c) arbitrabar - proficiscebantur - utebaris - loquebatur.

4. Übersetze:

1. Erat sacrarium in aedibus perantiquum.
2. Lycii illam civitatem incolebant.
3. Huc omnia deferebantur.
4. Cum Sicilia florebat, magna artificia in ea insula erant.
5. Id illis qui aderant indignum, qui audiebant incredibile videbatur.
6. Itaque eorum tabulas exquirebam, iniurias cognoscebam.
7. Maiores nostri patiebantur ea signa apud illos esse.
8. Haec in conventu palam agebantur.
9. Consules signa cuique reddebant.
10. Diana colebatur a civibus, ab omnibus advenis visebatur.

Lektion 4

Prädikat:
Perfekt

A Text

Cicero als Feldherr

Cicero war fast 20 Jahre nach seiner Anklage gegen Verres ebenfalls Verwalter einer Provinz, nämlich der Provinz Kilikien im Süden Kleinasiens (51-50 v. Chr.). Zu seinen Aufgaben gehörte die Verteidigung des Gebietes gegen äußere Feinde.
In einem Brief an seinen in Athen lebenden Freund Pomponius Atticus erzählt er im Stil der Tatenberichte Caesars von seinen Taten gegen die Parther.

In castra veni. Exercitum lustravi. Ex his castris, cum graves de Parthis nuntii venirent, perrexi in Ciliciam per Cappadociae partem eam, quae Ciliciam attingit.
Cum dies quinque castra habuissem, certior factus sum Parthos non longe abesse, Ciliciae magis imminere. Itaque confestim iter in Ciliciam feci per Tauri pylas. Tarsum veni. Inde ad Amanum contendi, qui Syriam a Cilicia in aquarum divortio dividit, qui mons erat hostium plenus. Hic magnum numerum hostium occidimus, castella munitissima adventu nostro matutino cepimus, incendimus. Imperatores appellati sumus. Castra paucos dies habuimus ea ipsa, quae contra Darium habuerat apud Issum Alexander, imperator non paulo melior quam aut tu aut ego. Ibi dies quinque morati direpto et vastato Amano inde discessimus. Ad Pindenissum veni, quod oppidum munitissimum in armis fuit; feri homines sunt et acres. Cinximus vallo et fossa, aggere maximo, turre altissima, magna tormentorum copia, multis sagittariis; incolumi exercitu negotium fecimus. Pindenissitae se mihi dediderunt. Hinc exercitum in hiberna agri male pacati duxi; ipse me Laodiceam recepi.

(ad Att. V,20)

Kilikien

Karte der Provinz Kilikien im Süden Kleinasiens (heute Südtürkei) mit den von Cicero genannten geographischen Gegebenheiten: Im Norden das Taurus-, südwestlich das Amanusgebirge, die durch eine Wasserscheide getrennt sind; an der Küste die Städte Tarsos, Issos und Pindenissus.

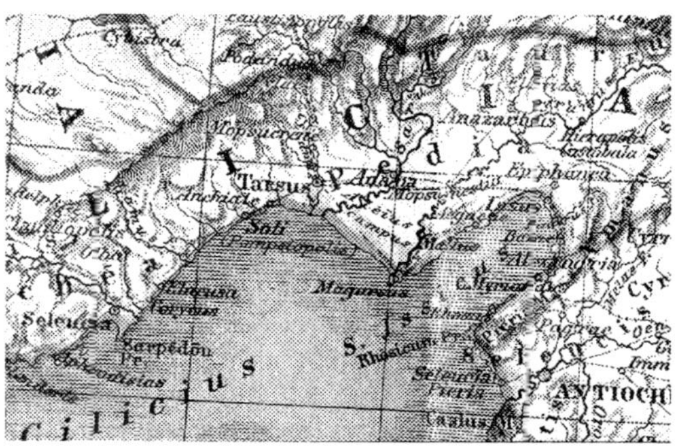

Methodisches Vorgehen bei der Übersetzung:
Gehe auf die nun bekannte Weise vor:

- Lies die grammatische Erklärung dieses Kapitels und präge dir die wichtigsten Tatsachen der Formenbildung und der Bedeutung des Perfekts ein.
- Bestimme und übersetze: Prädikat → Subjekt (falls es ausgedrückt ist) → die übrigen Satzglieder in der Textfolge von ihrer Bedeutung her.
- Die noch nicht bekannten Satzstrukturen übersetze in sinngemäße deutsche Wendungen, auch wenn du sie noch nicht grammatisch exakt erklären kannst.
- Verdeutliche dir die geographischen und historischen Sacherklärungen im Lexikon und beachte auch die Kartenskizze!

Diese grundsätzlichen Schritte werden von nun an nicht mehr erwähnt.

Beispiel für die Übersetzung noch nicht bekannter Satzstrukturen:
Satz 4:
certior factus sum Parthos non longe abesse
Prädikat und Subjekt:

factus sum:	factus sum	ich bin gemacht worden	
certior:	→ certus	sicher, gewiß	
	certior factus sum:		(wörtl.: ich bin sicherer gemacht worden) ich bin benachrichtigt, mir ist gemeldet worden;
Parthos:	Parthi, Sg. Parthus	Parther	
abesse:	absum, afui, -		wegsein, entfernt sein
	non longe abesse:		nicht weit wegsein.

Ich bin benachrichtigt worden, (wörtl.: die Parther nicht weit wegsein),
daß die Parther nicht weit weg seien.

Satz 10:
Ibi dies quinque morati direpto et vastato Amano inde discessimus
Prädikat und Subjekt:

discessimus:	discedo, cedere	wir sind fortgegangen, wir gingen fort	
inde:	*Adv.*	von dort	
ibi:	*Adv.*	dort	
dies:	dies, iei, m	Tag	
quinque.		fünf	
	dies quinque:		fünf Tage
morati:	→ moratus		
	→ moror, moratus *(Dep.)*:	sich aufhalten, bleiben	
	ibi dies quinque morati:	dort fünf Tage verweilt	
direpto:	→ direptus		
	→ diripio, ripere:	plündern	
vastato:	→ vastatus		
	→ vasto, vastare	verwüsten	
Amano	→ Amanus *Teil des Taurus in Kleinasien*		
	direpto et vastato Amano:	der Amanus geplündert und verwüstet	

Wörtliche Übersetzung
Dort fünf Tage verweilt, der Amanus geplündert und verwüstet, gingen wir von dort weg.
Sinngemäße Übersetzung
Nachdem wir uns dort fünf Tage aufgehalten hatten und der Amanus geplündert und verwüstet worden war, gingen wir von dort weg.

B Grammatische Erklärung

I Formenbildung

a) Aktiv

Das lateinische Perfekt entspricht formal der einfachen Vergangenheit (Präteritum) im D und hat wie im D eine eigene Stammform:

currere:	curro	**cu**curri
laufen:	ich **lau**fe	ich **lie**f.

Es gibt im L prinzipiell 4 Bildeweisen des Perfekts:

Infix: -v-, -u- oder -s-
Dehnung + Ablaut oder **bloße Dehnung des Wurzelvokals**
Reduplikation der Wurzelsilbe
´Stammperfekt`:

Infix -v-:	vocav-(rief)	Präsensstamm: voca-	(ruf-)
Infix -u-:	monu-(ermahnte)	mone-	(ermahn-)
Infix -s-:	mis- (schickte)	mitt-	(schick-)
Ablaut:	cep- (fing)	cap-	(fass-)
Dehnung:	ven- (kam)	veni-	(komm-)
Reduplikation:	cucurr-(lief)	curr-	(lauf-)
Stammperfekt:	statu- (beschloß)	statu-	(festsetz-)

Der Perfektstamm hat nur *aktive Bedeutung* und daher nur *Personenendungen des Aktivs*:

1.Pers. Sg.:	**-i**	Pl.:	**-imus**
2.Pers. Sg.:	**-isti**	Pl.:	**-istis**
3.Pers. Sg.:	**-it**	Pl.:	**-erunt**

v-Perfekt	u-Perfekt	s-Perfekt
vocav-**i** vocav-**isti** vocav-**it** vocav-**imus** vocav-**istis** vocav-**erunt**	habu-**i** habu-**isti** habu-**it** habu-**imus** habu-**istis** habu-**erunt**	mis-**i** mis-**isti** mis-**it** mis-**imus** mis-**istis** mis-**erunt**

Ablautperfekt	Dehnungsperf.	Reduplik.perf.	Stammperfekt
cep-**i** cep-**isti** cep-**it** cep-**imus** cep-**istis** cep-**erunt**	vid-**i** vid-**isti** vid-**it** vid-**imus** vid-**istis** vid-**erunt**	cucurr-**i** cucurr-**isti** cucurr-**it** cucurr-**imus** cucurr-**istis** cucurr-**erunt**	Defend-**i** defend-**isti** defend-**it** defend-**imus** defend-**istis** defend-**erunt**

Lexikalische Zitierform:

1. Pers. Sg. *(= 2. Stammform, 3. zitierte Form)***:**

capio, capere, **cepi**

Jeder Präsensstamm kann prinzipiell mit beinahe jedem Perfektstamm zu einer ´Stammreihe` verbunden sein (der Deutlichkeit halber wird als Beispiel jeweils die 3.Pers.Sg. aufgeführt):

	a-Präsens	e-Präsens	i-Präsens	kons.Präsens	kurzv.Präs.
v-Perfekt	vocat vocavit rufen	delet delevit zerstören	audit audivit hören	petit petivit bitten	cupit cupivit wünschen
u-Perfekt	vetat vetuit verbieten	habet habuit haben	aperio aperuit öffnen	alit aluit ernähren	rapit rapuit rauben
s-Perfekt	-------------	manet mansit bleiben	sentit sensit merken	mittit misit schicken	conspicit conspexit erblicken
Ablaut-perfekt	-------------	--------------	--------------	agit egit handeln	capit cepit fassen
Dehnungs perfekt	iuvat iuvit helfen	movet movit bewegen	venit venit kommen	emit emit nehmen	fugit fugit Fliehen
Reduplik. perfekt	dat dedit geben	pendet pependit hängen	--------------	currit cucurrit laufen	parit peperit erzeugen
Stamm-perfekt	--------------	--------------	--------------	defendit defendit verteidigen	statuit statuit beschließen

Aber der Sprachgebrauch hat zu bestimmten ´regelmäßigen` Verbindungen geführt:

a-Präsens + v-Perfekt: vocare: voco - vocavi

e-Präsens + u-Perfekt: habere: habeo - habui

Einige Verbindungen haben vor allem in der einen oder anderen Stammreihe existiert:

kons. und kurzvok.: Ablaut: agere: ago – egi; capere: capio – cepi.

Mit den vokalischen Präsensstämmen hat sich das Ablautperfekt überhaupt nicht verbunden. Diese Tatsachen vereinfachen die Schwierigkeit, eine im Text gegebene Perfektform auf ihre im Lexikon zitierte Präsensform zu beziehen, um sie nachschlagen zu können. Die Verbindung a- Präsens + v-Perfekt ist sogar so häufig, daß die Perfektform gar nicht zitiert wird.

b) Passiv

Das Passiv ist *sekundär* gebildet worden: Es ist eine zusammengesetzte Zeit und besteht aus **Partizip Perfekt Passiv** und Personalform von **esse**.
Das P P P wird nach der o-/a-Deklination dekliniert (Beispiel long-**us, a, um**);
vor der Endung steht das Infix -t- oder -s-, das mit der Deklinationsendung verschmilzt:
voca-**tus**, voca-**ta**, voca-**tum**; mis-**sus**, mis-**sa**, mis-**sum.**

t-Partizip	s-Partizip
voca-tus, a, um sum voca-tus, a, um es voca-tus, a, um est	mis-sus, a, um sum mis-sus, a, um es mis-sus, a, um est
voca-ti, ae, a sumus voca-ti, ae, a estis voca-ti, ae, a sunt	missi, ae, a sumus mis-si, ae, a estis mis-si, ae, a sunt

Lexikalische Zitierform:
Nom. Sg. m *(= 3. Stammform, 4. zitierte Form):*
capio, capere, cepi, captus

c) Deponens

Das Deponens hat keinen *aktiven* Perfektstamm, da es nur *passive* Formen hat:
arbitratus, arbitrata, arbitratum **sum** Ich **habe** geglaubt
Es hat also nur z w e i Stämme: den Präsens- und den Partizipstamm:

a-Dekl.:	arbitror	arbitratus, a, um
e-Dekl.:	vereor	veritus, a, um
i-Dekl.	orior	ortus, a, um
kons. Dekl.:	sequor	secutus, a, um
kurzv.Dekl.:	patior	passus, a, um.

Lexikalische Zitierweise:
1.Pers.Sg. Präsens Passiv, Infinitiv Passiv, Partizip Perfekt Passiv:

arbitror, arbitrari, arbitratus sum	glauben
vereor, vereri, veritus sum	fürchten
orior, oriri, ortus sum	entstehen
sequor, sequi, secutus sum	folgen
patior, pati, passus sum	dulden, leiden.

⇒ Wenn du keine *aktive* Form des Verbs auf -o im Lexikon findest, handelt es sich um ein *Deponens*; suche die *passive* Form auf –or; beachte die *aktive Bedeutung*!

II Bedeutung des Perfekts im L und seine Übersetzung ins D:

Das Perfekt *Aktiv* bezeichnet einmalige, abgeschlossene Ereignisse, die sich in der Vergangenheit abgespielt haben. Der Unterschied zum Imperfekt liegt nicht in der *Zeitstufe* – beide Zeitformen bezeichnen die erste Vergangenheit -, sondern in der *Aktionsart*.

Weil in der lateinischen Literatursprache ein zusammengesetztes Perfekt nicht üblich war („ich habe gelesen"), ist sein bedeutungsmäßiges Spektrum breiter als im D: es umfaßt semantisch sowohl das Präteritum wie das Perfekt. Das muß bei der Übersetzung beachtet werden.

Man unterscheidet hauptsächlich drei Ausdrucksvarianten:

- **Erzählendes Perfekt** (perfectum narrativum oder historicum):
  Es drückt einmalige, abgeschlossene Ereignisse aus in Erzählungen, Berichten usw.; dies wird im D durch das Präteritum wiedergegen:

Verres contra leges pecuniam **cepit**.	Verres **nahm** gegen die Gesetze Geld **an**.
Eum **secutus est**.	Er **folgte** ihm.

- **Resultatives (konstatierendes) Perfekt:**
  Es bezeichnet in der Vergangenheit abgeschlossene Ereignisse, die auch noch für die Gegenwart des Sprechenden gelten; im D steht in der Regel das Perfekt:

Hoc saepe mecum **cogitavi**.	Darüber **habe** ich oft bei mir **nachgedacht**.
Illa lex semper **servata est.**	Dieses Gesetz **ist** immer **beachtet worden**.

- **Präsentisches Perfekt**
  Es bezeichnet Handlungen der Vergangenheit, die einen Zustand veranlaßt haben, der in der Gegenwart vorliegt; ihm entspricht oft im D ein Präsens, besonders bei passiven Ausdrücken:

novi	(ich habe kennengelernt:) ich **kenne,weiß.**
Spes tota in hac lege **posita est.**	Die ganze Hoffnung **liegt** in diesem Gesetz.

Das Perfekt *Passiv* kann entweder als *Vorgang* oder als *Zustand* aufgefaßt werden:

- Vorgang:

Crimina **commissa sunt**	→	Verbrechen **wurden** begangen *(Prät.)*
	oder:	Verbrechen **sind** begangen **worden** *(Perf.)*.

- Zustand:

Sicilia in duas partes **divisa est.**	→	Sizilien **ist** in zwei Teile **geteilt**.
Statua in basi **posita est**.	→	Die Statue **steht** auf einer Basis.

C Aufgaben

I. Zum Text

1. Lerne die neuen Wörter und Wortblöcke.
2. Wo spielt sich das erzählte Geschehen ab? In welchem Ton berichtet Cicero davon? Wie wurde ein römischer Imperator ernannt?

II. Zur Grammatik

a)Aktiv

Versuche aus dem Lexikon den zugehörigen Präsensstamm zu finden, bestimme die Art der Perfektbildung und übersetze die gegebene Form
1. bei folgenden einfachen Verben:
putavi - tradidi - tenui - iussi - movi - vidi - quaesivi - posui - duxi - sumpsi - poposci - emi - solvi - feci;
2. bei den zusammengesetzten Verben
appellavi - nescii - proposui - inspexi - attendi - reliqui - accusavi - contendi - concessi - reddidi - providi - accepi - eripui - inquisivi.

b) Passiv

1. Zu welchem Infinitiv gehören folgende Partizipien?
servatum - creditum - tentum - iussum - visum - sensum - positum - ductum - victum - ostentum - lectum - emptum - ereptum - factum - reprehensum.
conatus - opinatus - locutus - profectus - usus.
2. Bilde die Stammformen der obigen Formen.

c) Deponens

1. Beachte den Unterschied der Verbart:
putavi - arbitratus sum; dixi - locutus sum; consuevi - solitus sum; sivi - passus sum.
2. Bestimme den Infinitiv und damit die Verbart:
putatus - arbitratus; dictus - locutus; situs – passus.
speratus – opinatus; conspectus – conspicatus factus – usus.

d) Übersetze:

1 Me viderunt.
2 Verres accurrit.
3 Nihil relictum est.
4 Vidistis hominis amentiam.
5 Considerare coepit.
6 Signa emi.
7 Multa signa ad villas tuas posita sunt.
8 Est idem Verres qui semper fuit.
9 Ei litteras dedit.
10 Escendit in oppidum.

Lektion 5

Objekt:
Akkusativ und Dativ

A Text

Brutales Vorgehen gegen einen sizilischen Beamten

Verres verlangt von Sopater, dem leitenden Beamten der sizilischen Stadt Tyndaris, eine Statue des Gottes Merkur, die auf dem Marktplatz der Stadt steht. Sopater und mit ihm der Gemeinderat lehnen das ab. Daraufhin greift Verres zu einer brutalen Maßnahme:

Haec agebantur palam in conventu. Erat hiems summa, tempestas frigida, imber maximus. Verres imperat lictoribus, ut Sopatrum de porticu, in qua sedebat, in forum deiciant et nudum constituant. Vix erat hoc imperatum, cum illum spoliatum stipatumque lictoribus videres. Omnes id fore putabant, ut miser atque innocens virgis caederetur. Fefellit homines opinio. Virgis iste caederet sine causa socium populi Romani atque amicum?

Numquam fuit crudelis! Leniter hominem clementerque accepit! Equestres sunt medio in foro Marcellorum statuae, sicut fere ceteris in oppidis Siciliae. Ex iis iste C. Marcelli statuam delegit, cuius officia in illam civitatem totamque provinciam recentissima erant et maxima. In ea Sopatrum, hominem domi nobilem et summo magistratu praeditum, deligari iubet. Vinctus erat nudus in aere, in imbri, in frigore. Neque tamen finis huic iniuriae crudelitatique fiebat, donec populus atque universa multitudo senatum clamore coegit, ut Verri simulacrum Mercurii polliceretur. Tum frequens senatus ad istum venit; pollicetur signum. Ita Sopater de statua C. Marcelli, cum iam paene obriguisset, vix vivus aufertur.

(2,4,86-87)

Oberbeamter mit Gefolge
Ein Konsul in Toga schreitet zwischen zwei Liktoren, denen ein Amtsdiener vorausgeht; Münzbild der späten römischen Republik. Die Liktoren tragen die mit Riemen geschnürten Rutenbündel (fasces) mit den Beilen (secures) als Zeichen der richterlichen Vollzugsgewalt des Konsuls, Auspeitschung und Hinrichtung. Außer dem Konsul besaß auch der Prätor dieses Amtsrecht und zeigte sich in der Öffentlichkeit mit einem solchen Gefolge.

Methodisches Vorgehen bei der Übersetzung

Es ist angebracht, sich einige Stilformen Ciceros einzuprägen: ihre Kenntnis erleichtert das Übersetzen:

- Sperrung grammatisch zusammengehöriger Wörter:
  medio in **foro** (nicht: in medio foro); **ceteris** in **oppidis** (nicht: in ceteris oppidis);
- Inversion:
  sit affectus (nicht: affectus sit); **esset** vinctus (nicht: vinctus esset);
- Subjekt - Prädikat-Klammer:
  officia in illam civitatem **recentissima erant**; **fefellit** homines **opinio**.
  S P P S
- Rhetorische Frage:
  Virgis .... caederet? (echte Frage: virgisne caederet? oder: virgis caederetne?)
- Ironie, Spott, Hohn und Sarkasmus:
  Numquam fuit crudelis! (Aussage: Semper fuit crudelis!)

B Grammatische Erklärung

Allgemeine Bemerkungen zum Objekt im L und D

- Die Aussage im Prädikat genügt oft nicht, um ein Handeln hinreichend zu bezeichnen; meist ist es ohne eine ergänzende Aussage über die Sache oder die Person, auf die sich das Handeln bezieht, nicht sinnvoll. Eine solche Satzaussage bezeichnet man als O b j e k t .

- In diesem Sinne sind Objekte alle die Satzaussagen, die unmittelbar mit dem Verb zusammenhängen und ohne die der Sinn des Verbs nicht verständlich ist. Das gilt auch dann, wenn die Sache oder Person, auf die sich die im Verb ausgedrückte Tätigkeit bezieht, nicht eigens genannt wird, aber implizit vorhanden ist:
  Ich lese (d.h.: ein Buch, eine Zeitung o.ä.).

- Dieser Sachbezug des Handelns wird durch einen bestimmten Kasus (außer dem Nominativ, dem Kasus des Subjekts als der handelnden Person selbst) bezeichnet:

ich lese **ein Buch**	=	**Akkusativ**,
ich helfe **dir**	=	**Dativ**,
ich entsinne mich **des Unfalls**	=	**Genetiv**.

- Der Bezug von Objektskasus und Verb entspricht der jeweils eigensprachlichen Idiomatik; auch L und D stimmen darin oft nicht überein:

te adiuvo:	ich helfe **dir:**
→ **adiuvare** *mit Akkusativ*	→ **helfen** *mit Dativ*
tibi persuadeo:	ich überrede **dich:**
→ **persuadere** *mit Dativ*	→ **überreden** *mit Akkusativ*.

B Grammatik

I a) Formenbildung des Akkusativs

Von den abhängigen Kasus wird der **Akkusativ** in den europäischen Sprachen, und so auch im L, am häufigsten verwendet. Die im Akkusativ ausgedrückten Sachverhalte sind so eng mit der Handlung verknüpft, daß man die mit dem Akkusativ verbundenen Verben *transitive* Verben nennt und sie von den mit Dativ, Genetiv (oder - im L - Ablativ) verbundenen *intransitiven* Verben unterscheidet. Der Genetiv (und im L der Ablativ) als Objektskasus ist sehr selten und durch einen anderen Kasus oder durch präpositionale Wendungen ersetzt worden:

	memini **rei**		ich entsinne mich **der Sache**
oder:	memini **rem**		ich erinnere mich **an die Sache.**
	obliviscor **contumeliae**	eig.:	ich vergesse **der Schmach**
oder:	obliviscor **contumeliam**		ich vergesse **die Schmach.**

Die Bildung des Akkusativs entspricht prinzipiell der des Nominativs: An den Stammauslaut tritt das Kasuszeichen für den Akkusativ:

Sg.: **-m** bzw. **- (Neutra der i- und konsonantischen Deklination)**
Pl.: **-s nach langem Stammvokal**
-a (Neutra aller Deklinationsklassen).

Zusammen mit dem Stammauslaut ergeben sich die Endungen
Akk.Sg.: **-um, -am, -um; -em; -im;**
Pl.: **-os, -as; -es; -a, -ia.**

⇒ Für die Neutra aller Deklinationsklassen gilt:
Nom. = Akk.; Pl. stets **–a.**

Substantive

o-Deklination	a-Deklination	u-Deklination	e-Deklination
amic-**um** consili-**um** amic-**os** consili-**a**	port-**am** port-**as**	magistrat-**um** magistrat-**us**	r-**em** r-**es**

konson. Deklination	i-Deklination	gemischte Deklination
civitat-**em** nomen civitat-**es** nomi**n-a**	secur-**im** mare secur-**es** mar-**ia**	civ-**em** part-**em** civ-**es** part-**es**

Adjektive

o-/a-Deklination			konsonantische Deklination	
long-**um** long-**os**	long-**am** long-**as**	long-**um** long-**a**	veter-**em** veter-**es**	vetus veter-**a**

i-Deklination					
fort-**em** fort-**es**	fort-e fort-**ia**	celer-**em** celer-**es**	celer-e celer-**ia**	audac-**em** audac-**es**	auda**x** audac-**ia**

⇒ *Gleichlautende Endungen:*
-um: amic**um** (Akk.) – consili**um** (Nom./ Akk.) – magistrat**um** (Akk.)
-em: **rem** – civitat**em** – civ**em** – part**em**
-a: port**a** (Nom.Sg.!) – consili**a** - nomin**a** (Nom. u. Akk. Pl.)
-es: **res** (Nom.Sg./Pl. u. Akk.Pl.) – civitat**es** – secur**es** – civ**es** – part**es** (Nom.u.Akk.Pl..)

I b) Formenbildung des Dativs

Die auf den Stammlaut folgenden Endungen lauten

Sg.: **-o** und **-ibus** in der **o-** und **a-Deklination; -i** in den **übrigen Deklinationen**
Pl.: **-is** in der **o-** und **a-Deklination**; **-ibus (-bus** in der **e-Deklination);**

Substantive

o-Deklination		a-Deklination	u-Deklination	e-Deklination
amic-**o** amic-**is**	consili-**o** consili-**is**	port-**ae** port-**is**	magistratu-**i** magistrat-**ibus**	re-**i** re-**bus**

konson. Deklination		i-Deklination		gemischte Deklination	
civitat-**i** civitat-**ibus**	nomin-**i** nomin-**ibus**	secur-**i** secur-**ibus**	mar-**i** mar-**ibus**	civ-**i** civ-**ibus**	part-**i** part-**ibus**

Adjektive

o-/a-Deklination			Konsonantische Deklination
long-**o**	long-**ae** long-**is**	long-**o**	veter-**i** veter-**ibus**

i-Deklination		
fort **i** fort **ibus**	celer-**i** celer-**ibus**	audac-**i** audac-**ibus**

⇒ *Gleichlautende Endungen:*
-i: amic**i** (Gen.Sg. u. Nom.Pl.) – consili**i** (Gen.Sg.)
re**i** (Gen. u. Dat. Sg.)
magistratu**i** - civitat**i** – nomin**i** – secur**i** – mar**i** – civ**i** – urb**i** (Dat.Sg.);

⇒ *Wechsel von Länge und Kürze:*
-is (lang): amic**is** – consili**is** – port**is** (Dat..Pl.)
-is (kurz): civitat**is** – nomin**is** – mar**is** – urb**is** (Gen.Sg.)
secur**is** – civ**is** (Nom. u. Gen.Sg.).

II Bedeutung des Akkusativs und Dativs im L

II a Akkusativ

1. **Objekt** auf die Frage: **Wen?** oder **Was?**:
Defendo **multas provincias.** Ich verteidige **viele Provinzen.**
⇒ Die Verwendung des Kasus ist im L und D zuweilen unterschiedlich:
Praedonum **impetum** fugiunt. Sie fliehen **vor dem** Angriff der Räuber.
= fugere *mit Akk.* = fliehen vor *mit Dat.*
Eum consequitur. Er folgt **ihm.**
= consequi *mit Akk.* = folgen *mit Dat.*

2. Angabe der **Ausdehnung** in *Raum und Zeit* auf die Fragen: **Wohin?** und **Wie lange?**:
Venit **Messanam** Er kommt **nach Messana.**
=Akk.d.Richtung im Raum
Multos annos in causis versatus sum.
Ich habe mich **viele Jahre lang** in Prozessen .
=Akk.d.Richtung in der Zeit betätigt.
und *in jeder Richtung* an auf die Fragen: **Wie hoch? Wie tief? Wie lang? Wie breit?:**
murus **mille** passuum eine **tausend** Schritte lange Mauer.
Oft wird die Richtungsangabe durch eine Präposition unterstützt und präzisiert:
Venit **in** Galliam. Er kam **nach** Sizilien.
Venitur **ad** iudicium. Man kommt **zum** Gerichtshof.

⇒ Im L haben die meisten Präpositionen richtungweisenden Sinn und stehen mit dem Akkusativ, oft im Unterschied zum D:

ad Sicul**os** venire	zu **den** Siziliern kommen
ad mit *Akk.*	zu *mit Dat.*
trans mare	jenseits **des** Meeres
trans mit *Akk.*	jenseits *mit Gen.*

3. sog. **doppelter Akkusativ (Prädikativum):**

Octavi**um** hered**em** fecit.	Er machte **den** Octavius **zu** sein**em** Erben.

II b) Dativ

1. **Objekt** auf die Frage **Wem?**

Causae suae confidit.	Er vertraut **seiner Sache**.

Viele mit Präpositionen zusammengesetzte Verben sind mit dem Dativ verbunden:

praeesse magistratui	ein Amt bekleiden.

Manche transitiven Verben verändern durch den Dativ ihren Sinn:

Cave can**em!**	**Hüte dich vor** dem Hund!
Cave can**i!**	**Sorge für** den Hund!
Consulit oracul**um**	**Er fragt** das Orakel **um Rat.**
Consulit civi**bus**	**Er sorgt für** die Bürger.

⇒ Beachte die Angaben im Lexikon!

Oft steht der Dativ als *zweites Objekt* neben einem Objekt im Akkusativ:

Siculis operam polliceris?	Du versprichst **den Siziliern** deine Hilfe?

2. Angabe des **Besitzers** (dativus possessoris) bei **esse** (betont ist der Besitzer):

Scipioni cognomen erat Africanus.	(**Dem Scipio** war der Beiname A. zu eigen:)
	Scipio hatte den Beinamen Africanus.

3. Angabe des **Vorteils / Nachteils** auf die Frage **Für wen?** (dativus commodi):

Non **vitae**, sed **scholae** discimus!	Wir lernen nicht **für das Leben**, sondern **für die Schule!**

4. Angabe des **Zwecks** auf die Frage **Wozu?** (dativus finalis):

auxilio venire	**zu Hilfe** kommen

oft mit dem Dativ des Vorteils als zweitem Dativ (doppelter Dativ):

Id **mihi magnae curae est.**	(Das ist **mir zur Sorge**:)
	Darum **kümmere ich** mich.

5. Angabe des **Täters** beim *Gerundivum* (dativus auctoris):

Res publica **magistratibus** administranda est.	(Der Staat ist **den Beamten** zu verwalten)
	Die Beamten müssen den Staat verwalten.

C Aufgaben

I.Zum Text

1. Lerne die neuen Wörter und Wortgruppen.

2. Interpretation: a) Warum steht eine Statue des Gottes *Merkur* auf einem *Marktplatz*?

b) Welche Verdienste haben sich die Marceller, besonders Gaius Marcellus, um Sizilien erworben, so daß die Bewohner Statuen zu ihren Ehren aufstellten?

II. Zur Grammatik

a) Akkusativ

1. Bilde zu den Substantiven und Adjektiven von L 2, Aufg. II 2a und b und 3a und b die Akkusative.

2. Übersetze mit Lexikon und bestimme den Sinn des Akkusativs:
1. Delum venit. **2.** Signa aufert. **3.** Prandia, cenas, equos non commemoro. **4.** Ea omnia praetermitto. **5.** Verres ad regem Nicomedem mittitur. **6.** Servi ianua claudunt et ad fores assistunt. **7.** Homines in contionem conveniunt. **8.** Totam noctem clamat. **9.** Multi illum miserum accusant. **10.** L. Gellius causam defendit. **11.** Ille defensorem neminem reperire potest. **12.** Is M. Octavium heredem facit.

3. Unterscheide:
1. Romam venit - ad Romam venit - in Italiam venit.
2. Syracusas contendunt - ad Syracusas contendunt - in Siciliam contendunt.
3. Domum ire contendit - in domum suam ire contendit - domum suam videt.
4. Suche aus den Texten 1- 5 die Akkusative heraus; bestimme ihre Satzfunktion.

b) Dativ

1. Bilde zu den Substantiven und Adjektiven von L 2 Aufg. II 2a und b und 3a und b den Dat. Sg. und Pl.

2. Übersetze mit Lexikon und bestimme den Sinn des Dativs:
1. Ille tibi pecuniam commisit.
2. Maiores nostri civitati maximos agros concesserunt.
3. Rei publicae consului.
4. Meum consilium iudicibus probavi.
5. Commodis civium non deeram.
6. Mihi fratrique meo gratias egit.
7. Haec civitas propter virtutem omnibus nationibus imperat.
8. Id civibus magno gaudio erat.
9. Nimis causae suae confidit.
10. Syracusanis pulcherrima signa erant.

Lektion 6

Prädikat: Plusquamperfekt

A Text

Inspektionsreisen eines Provinzverwalters

Zu den Pflichten des Verwalters einer Provinz gehörten Inspektionsreisen, die im Frühjahr begannen. Verres dagegen vergnügte sich in Syrakus:

Verres itinerum laborem facilem sibi et iucundum reddiderat. Ad magnitudinem frigorum et tempestatum vim praeclarum sibi remedium comparaverat: Urbem Syracusas elegerat, cuius hic situs atque haec natura loci coelique est, ut nullus umquam dies tam magna tempestate fuerit, quin aliquo tempore eius diei homines solem viderint. Hic vivebat iste bonus imperator hibernis mensibus; nemo eum non modo non extra tectum, sed ne extra lectum quidem videbat.

Cum autem ver esse coeperat, dabat se labori atque itineribus. Nam, ut mos fuit Bithyniae regibus, lectica octaphoro ferebatur; coronam habebat unam in capite, alteram in collo, reticulumque ad nares sibi admovebat plenum rosae. Cum ad aliquod oppidum venerat, lectica usque in cubiculum ferebatur. Eo veniebant Siculorum magistratus, veniebant equites Romani; controversiae secreto deferebantur, decreta palam auferebantur. Ubi in cubiculo iura discripserat, Veneri et Libero reliquum tempus dabat.

(2,5,26-27)

Trinkgelage

Auf einem Polster lehnt eine Frau mit entblößtem Oberkörper, die Rechte ausgestreckt nach einer mit einer Schatulle von links kommenden Dienerin; hinter ihr lagert ein Mann mit erhobenem Trinkhorn. Vor den beiden steht ein dreibeiniger Tisch mit Trinkgefäßen und einer Schöpfkelle. Pompejanisches Wandgemälde.

Hinweise zum methodischen Vorgehen bei der Übersetzung:

Inzwischen kannst du die Akkusativ- und Dativobjekte erkennen und die Sicherheit der Bestimmung ausdehnen auf die Reihenfolge Prädikat → Subjekt → Objekt im Akkusativ und im Dativ.

- Die übrigen Satzglieder können nur im *Genetiv* oder *Ablativ* stehen. Bilde ihre Zitierform auf die gleiche Weise wie beim Akkusativ oder Dativ:
  Endung abstreichen → Stammbildung prüfen → Deklinationsklasse bestimmen → Nominativ Singular bilden.
  Gewisse Schwierigkeiten bieten nur die Nomina der konsonantischen Deklination wegen mancher Umbildungen in den abhängigen Kasus; suche im Lexikon im Umkreis nach der Wortart, auf die es dir ankommt; z.B.:
  itinerum: itiner- → **itiner**, eris, n (*altl.*) = iter → **iter**, itineris n.: Reise
  frigorum: frigor- → **frigus**, goris, n: Kälte
  tepestatum: tempestat- (t-Stamm!) → tempestas, atis, f.: Witterung.

- Zur Bestimmung und Übersetzung der *Pronomina* bieten sich zwei Möglichkeiten an: entweder suchst du die entsprechende Form in Tabelle III; z.B.:
  sibi: **Reflexivpronomen:** 3.Pers.Sg.Dat.: sich, für sich (*reflexiv → Verres*)
  cuius: **Relativpronomen:** 3.Pers.Sg.Gen. m/f/n: dessen, deren, dessen
  aliquo:**Indefinitivpronomen:** Abl.Sg.:irgendein,-eine,-ein (*adj.* → aliquo tempore)
  oder du suchst im Lexikon; z.B.:
  sibi: **sibi** *Dat. Sg. u. Pl. des Reflexivpron. 3. Pers.:* sich
  cuius: **cuius** *Pron. relat.:* dessen
  aliquo: (aliquo: *Adv.*) → **ali-qui,** aliquae, aliquod *Pron. indef. adj.:* irgendein.

- Auch über die *Sachwörter* gibt das Lexikon hinreichend Auskunft; z.B.:
  Bithynia: Bithynien, *Landschaft an der Nordküste Kleinasiens*
  Liber: *altital. Gott der Fruchtbarkeit usw.; meton.:* Wein.

B Grammatische Erklärung

I Formenbildung

Das Plusquamperfekt wird prinzipiell wie das Perfekt gebildet: im *Aktiv* durch *Endung*, im *Passiv* durch *Zusammensetzung:*

Aktiv: Perfektstamm + Personenendung
Passiv: PPP und Personalform von esse.

Vom Perfekt ist es deutlich unterschieden dadurch, daß im Aktiv zwischen Perfektstamm und Endung ein *Infix* tritt und im Passiv das Imperfekt von esse verwendet wird:

Aktiv: **Perfektstamm + -era- + Personenendung**
Passiv: **PPP** und **era + Personalform.**

Die Endungen entsprechen denen des Imperfekts.

Aktiv

v-Perfekt	u-Perfekt	s-Perfekt
vocav**-era-m** vocav**-era-s** vocav**-era-t** vocav**-era-mus** vocav**-era-tis** vocav**-era-nt**	habu**-era-m** habu**-era-s** habu**-era-t** habu**-era-mus** habu**-era-tis** habu**-era-nt**	mi**s-era-m** mi**s-era-s** mi**s-era-t** mi**s-era-mus** mi**s-era-tis** mi**s-era-nt**

Ablautperfekt	Dehnungsperf.	Reduplik.perf.	Stammperfekt
cep**-era-m** cep**-era-s** cep**-era-t** cep**-era-mus** cep**-era-tis** cep**-era-nt**	vid**-era-m** vid**-era-s** vid**-era-t** vid**-era-mus** vid**-era-tis** vid**-era-nt**	**cucurr-era-m** **cucurr-era-s** **cucurr-era-t** **cucurr-eramus** **cucurr-era-tis** **cucurrera-nt**	defend**-era-m** defend**-era-s** defend**-era-t** defend**-eramus** defend**-era-tis** defend**-era-nt**

Passiv

1.Pers. Sg.: **captus, -a, -um era-m**
2.Pers. Sg.: **captus, -a, -um era-s**
3.Pers. Sg.: **captus, -a, -um era-t**

1.Pers. Pl.: **capti, -ae, -a era-mus**
2.Pers. Pl.: **capti, -ae, -a era-tis**
3.Pers. Pl.: **capti, -ae, -a era-nt**

II Bedeutung des Plusquamperfekt

1. Das P l u s q u a m p e r f e k t bezeichnet die *Vorstufe vergangener Ereignisse* zum Perfekt und Imperfekt (*Vorvergangenheit*) . Es wird weitgehend wie das Plusquamperfekt im D verwendet:

Vasa **emerat.** — Er **hatte** die Gefäße **gekauft.**
Emblemata **avulsa erant.** — Die Verzierungen **waren abgerissen worden.**
= *Vorgang*

2. Als Vorstufe zum präsentischen Perfekt bezeichnet es allerdings *die erste Vergangenheit* und wird im D durch das Präteritum wiedergegeben:

Noveram — Ich **wußte.**
Domus signis **ornatus erat.** — Das Haus **war geschmückt** mit Statuen.
= *Zustand*

C Aufgaben

I. Zum Text

1. Lerne die neuen Wörter und Wortblöcke.

2. Bilde die Prädikate des Textes um:

a) Plusquamperfekt → Imperfekt

b) Plusquamperfekt → Perfekt } und umgekehrt

c) Plusquamperfekt → Präsens

3. Interpretation: Worin besteht das Ungewöhnliche im Verhalten des Verres? Nenne die einzelnen Punkte.

II. Zur Grammatik

1. Vergleiche und übersetze:

a) vocaveram - vocabam; habueram - habuebam; audiveram - audiebam; miseram - mittebam; ceperam - capiebam.

b) vocaverant - vocaverunt; - habuerant - habuerunt; audiverant - audiverunt; miserant - miserunt; ceperant - ceperunt.

2. Bilde die lexikalische Nennform, schlage nach und übersetze die Textform:

a) senserat - quaesiveras - detraxeramus - sederam - repeterant - videratis - iusserat.

b) vasa reddita erant - amici appellati erant - imperatum erat - visus eras - statua empta erat.

3. Übersetze:

1. Signum in basi posita erat.

2. Ver esse coeperat.

3. Signis domum suum ornare consueverat.

4. Officium meum memineram.

5. Sicilia in duas partes divisa erat.

Lektion 7

Ablativ
Substantiv – Adjektiv

A Text

Eine griechische Hauskapelle

In Messana lebte Gaius Heius, ein reicher Mamertiner. In seinem Haus befand sich eine Kapelle, die Heius mit wertvollen Statuen geschmückt hatte. Diese Statuen hat Verres entwendet:

Heius Mamertinus est omnibus rebus illa in civitate ornatissimus. Huius domus est vel optima Messanae, nostris hominibus notissima et apertissima maximeque hospitalis. Ea domus ante istius adventum ornata sic fuit, ut urbi quoque esset ornamento. Nam ipsa Messana, quae situ moenibus portuque ornata sit, ab his rebus, quibus iste delectatur, vacua atque nuda est.

Erat apud Heium sacrarium magna cum dignitate in aedibus a maioribus traditum perantiquum, in quo erant signa pulcherrima quattuor summo artificio, summa nobilitate, unum Cupidinis e marmore Praxiteli, ex altera parte Hercules egregie factus ex aere, qui dicebatur esse Myronis. Erant aenea duo praeterea signa, non maxima verum eximia venustate, virginali habitu atque vestitu, quae manibus sublatis sacra quaedam more Atheniensium virginum reposita in capitibus sustinebant; earum artificem Polyclitum esse dicebant. Haec omnia signa ab Heio e sacrario Verres abstulit. Nullum horum reliquit neque aliud ullum tamen praeter unum pervetus ligneum, Bonam Fortunam; eam iste habere domi suae noluit.

(2,4,3-7; gekürzt)

Mädchen mit Opfergaben

Zwei Mädchen tragen auf ihrem Kopf Opfergaben, die für den Kult bestimmt sind; das linke als „Korbträgerin“ (canephoros).
Rekonstruierte Partie aus dem Ostfries des Parthenon.

Hinweise zum methodischen Vorgehen:

- Der Ablativ ist der variantenreichste Kasus der lateinische Sprache, weil er ganz verschiedene Bedeutungen umfaßt: Er bezeichnet die *Trennung* eines Vorgangs von einem anderen, das *Mittel,* durch das ein Vorgang zustande kommt, und den *Ort* bzw. die *Zeit,* wo und wann sich ein Vorgang abspielt.

- Präge dir vor allem diese drei Varianten ein. Maßgebend dafür ist die Bedeutung des ablativischen *Wortes* und des ganzen *Satzes,* z.B.:

omnibus rebus -> omnes res:	alle Dinge;
Heius Mamertinus est ornatissimus:	der Mamertiner Heius ist der bestausgestattete;
ornatissimus: **omnibus rebus**	bestausgestattet *wodurch?* **an allen Dingen;**
omnibus rebus: *abl. instrumentalis;*	
illa in civitate: *abl. locativus.*	in jener Stadt: *wo?*

- Über die dargestellten Figuren erfährst du auch in diesem Fall das Nötige im Lexikon, z.B.:
  Cupido: *Liebesgott; Amor, Sohn der Venus.*
  Hercules: *Sohn des Jupiter u. der Alkmene usw., vollbrachte die zwölf Arbeiten (s. Eurystheus) usw.; griech. Held der Tapferkeit u. Stärke.*

B Grammatische Erklärung

I Formenbildung

Beim Ablativ haben sich die Stammlaute der vokalischen Deklinationsklassen am deutlichsten erhalten:

Singular:	**langer Stammvokal:**	**vokalische Deklinationsklassen**
	unbetontes **-e:**	**konsonantische und gemischte Deklination**
Plural:	**-is:**	**o- und a- Deklination**
	-bus / -ibus:	**alle anderen Klassen**

Substantive

o-Deklination	a-Deklination	u-Deklination	e-Deklination
amic-**o** consili-**o** amic-**is** consili-**is**	caus-**a** caus-**is**	magistrat-**u** magistrat-**ibus**	r-**e** r-**ebus**

konson. Deklination	i-Deklination	gemischte Deklination
civita**t-e** nomin-**e** civitat-**ibus** nomin-**ibus**	secur-**i** mar-**i** securi-**bus** mari-**bus**	civ-**e** urb-**e** civ-**ibus** urb-**ibus**

Adjektive

o-/a-Deklination			konsonantische Deklination
long-**o**	long-**a** long-**is**	long-**o**	veter-**e** veter-**ibus**

i-Deklination		
fort-**i** fort-**ibus**	celer-**i** celer-**ibus**	auda**c**-**i** auda**c**-**ibus**

⇒ *Gleiche Endungen in verschiedenen Fällen*:
-is bzw. **-(i)bus**: Pl.: Ablativ = Dativ
-o: Sg.: Ablativ = Dativ (o-Dekl.)
-a: Sg.: Ablativ = Nominativ (a-Dekl.)
-i: Sg.: Ablativ = Dativ;

⇒ *Unterschiedliche Quantität gleicher Endungen*:
-e (lang): Sg.: Ablativ (e-Dekl.) **kurz:** Sg.: Ablativ (kons., gem. Dekl.)
-is (lang): Pl.: Abl. u. Dat. (o-/a-Dekl.) **kurz:** Sg.: Genetiv (kons., gem. Dekl.).

II Bedeutungsrichtungen des Ablativs und seine Übersetzung ins D

Im Ablativ sind drei ursprünglich ganz selbständige Fälle miteinander verschmolzen, so daß die Formen zu den vieldeutigsten der lateinischen Sprache gehören.

Ursprünglich war der Ablativ ein Kasus, der die *Trennung* einer Person oder Sache von einer anderen ausdrückte:
Frage: *Woher?*
Er war darin der Gegenkasus des Akkusativs der Richtung auf dessen Frage: Wohin?

Dann aber haben sich den Endungen des Ablativs die Endungen von zwei anderen Fällen angeglichen: eines Falles, der das *Mittel* und die *Art und Weise* angab:
Frage: *Womit? Wodurch? Wie?*
und eines Falles, der *Ort* und *Zeit* bezeichnete:
Fragen: *Wo? Wann?*

Diese ganz unterschiedlichen Sinnrichtungen wurden nun im L durch den einen Kasus ***Ablativ*** ausgedrückt. Sie können durch Präpositionen verstärkt werden.
Jeder der drei Ablative ist von den Grammatikern wiederum in mehrere Sinnvarianten aufgeteilt worden.

Weil der Ablativ als Kasus im D nie vorhanden war, werden seine Bedeutungsvarianten durch präpositionale Wendungen ausgesagt.

1. **Ablativ der Trennung und des Ausgangspunktes** (ablativus separativus)
Frage *Woher? Von wo aus?*
bei Ortsangaben:

	Rom**a** / Syracus**is** redire	**aus** Rom, **aus** Syrakus zurückkommen
aber:	**ab** Itali**a** (ad Siciliam) ire	**von** Italien (nach Sizilien) gehen

und bei Ausdrücken des Trennens:

metu liberare	**von Furcht** befreien.

Vom Ablativ der Trennung sind folgende Bedeutungen genauer zu unterscheiden, weil sie für die Übersetzung wichtig sind:

a) **Ablativ des Vergleichs** (ablativus comparationis) bei komparativischen Ausdrücken:

	maior **Sicilia**	größer **als Sizilien**
auch:	maior quam Sicilia *(Nom.)*.	

b) **Ablativ der Beziehung** (ablativus limitationis):

maiores **natu**	die (von der Geburt her) Älteren, die Vorfahren.

2. **Ablativ des Mittels und der begleitenden Umstände** (ablativus instrumentalis)
Frage *Womit? Wodurch?*
und zwar als direktes **Mittel** einer Handlung (ablativus instrumenti):

curru vehi	**mit dem Wagen** fahren

und als die Handlung **begleitende Umstände** (ablativus sociativus)
mit **cum**:

multis **cum** lacrimis	**unter** vielen **Tränen**
cum amicis redire	**mit den Freunden** zurückkehren

Weitere Sinnrichtungen:

a) **Ablativ der Maßangabe** (ablativus mensurae)
bei komparativischen Ausdrücken:
Frage: *Um wieviel?*

tribus pedibus altior	**(um) drei Fuß** höher / tiefer
tribus diebus ante / post	**(um) drei Tage** früher / später
paulo post	**(um weniges** später) kurz darauf.

b) **Ablativ des Wertes** (ablativus pretii):

magno emere	**(um einen hohen Preis**:) teuer kaufen.

c) **Ablativ der Art und Weise** (ablativus modi):
Frage: *Wie?*

hoc modo / ea ratione	**auf diese Weise.**

d) **Ablativ der Eigenschaft** (ablativus qualitatis):

magno ingenio esse	**(von großer Begabung**:) sehr begabt sein

3. Ablativ des Ortes und der Zeit (ablativus locativus):
Fragen: *Wo? und Wann?*

a) Ablativ des Ortes speziell (ablativus loci):
Frage: *Wo?*
mit Präposition (in, pro, prae, sub):

in hac urbe	**in** dieser Stadt

reiner Lokativ bei **totus** und **locus**:

tota urbe	in der **ganzen** Stadt
multis **locis**	an vielen **Orten**

⇒ Der ursprüngliche Lokativ ist nur noch bei den Ortsnamen der *o-/a-Dekl.* im *Sg.* erhalten (scheinbar wie der Genetiv!):

Rom**ae** / Corinth**i**	**in** Rom / in Korinth

aber:

Syracus**is** / Carthagin**e**	**in** Syrakus / in Karthago.

b) Ablativ der Zeit (ablativus temporis):
Frage: *Wann?*
ohne Präposition:

postero **die**	**am** folgenden Tag

mit Präposition **in** nur bei allgemeinen Zeitangaben:

in bellis	in Kriegszeiten.

C Aufgaben

I. Zum Text

1. Lerne die neuen Wörter und Wortblöcke.

2. Was verrät der Text über die Statuen in der Hauskapelle des Heius: Welche Statuen standen in ihr? Wer waren die Künstler? Welcher Epoche gehörten sie also an? Wie beurteilt sie Cicero – und damit der gebildete Römer – (Zeitgeschmack der Römer im 1. Jh. v.Chr.)?

3. Sieh die Texte 1-7 durch:

a) Greife die ablativischen Ausdrücke heraus und bestimme ihren Sinn genau;

b) Greife die präpositionalen Ausdrücke heraus und bestimme sie. Etwas muß dir auffallen: Welcher Kasus hat im L *nie,* im D *oft* eine Präposition bei sich?.

II. Zur Grammatik

1. Ablativ und Dativ stimmen oft *der Form nach* überein; im Kontext unterscheiden sie sich *vom Sinn her* deutlich:

1. lictoribus imperat – omnibus rebus ornatus est.
2. domus nostris hominibus aperta est – signis se delectatur.
3. domus urbi ornamento est – urbem ornamentis ornat.
4. dabat se laboribus – laboribus confectus erat.

2. Der *reine* Ablativ (ohne Präposition) kann ganz verschiedene Bedeutungen haben; wiederum ist im Kontext nur eine davon sinnvoll:

1. Signum summo artificio erat.
2. Sacra manibus tenebant.
3. Populus senatum clamore coegit.
4. Servi mulcati clavis repelluntur.
5. Brevi tempore concurrunt.
6. Castra vallo fossaque cinxi.
7. Alexander non paulo melior quam tu aut ego!
8. Tempestiva nocte concursus servorum fit.

3. Die Präpostionen unterstützen den Sinn des Kasus; unterscheide sie:

1. a foro – de sella – ex urbe – in cubiculo – cum amicis – pro porta
2. in urbem venit – in urbe erat; ad urbem venit; nudus in frigore stetit – ad praetorem concurrunt.
3. domum – domo – domi; Romam – Roma – Romae; Corinthum – Corintho – Corinthi;
4. Syracusas – Syracusis (2); Delum – Delo (Delis) - Deli (Delis); Carthaginem – Carthagine (2).

Lektion 8

Adverb
Steigerung:Adjektiv und Adverb

A Text

Mißbrauch militärischer Oberhoheit

Zu den Pflichten eines Proprätors gehörte auch der Schutz der Provinz vor auswärtigen Feinden, der durch Bodentruppen und Marineeinheiten gewährleistet war. Die Schiffe hatten die Provinzgemeinden zu stellen. Verres hat sich zwar pflichtgemäß um den Zustand sizilischer Schiffe gekümmert, aber nicht, um die Provinz zu schützen:

Res navalis ita administrata est, non ut provincia defenderetur, sed ut classis nomine pecunia quaereretur. Superiorum praetorum consuetudo haec erat, ut civitatibus naves certusque numerus nautarum militumque imperaretur; iste maximae et locupletissimae civitati Mamertinae nihil horum omnium imperavit. Ob hanc rem quid ei Mamertini clam pecuniae dederint, postea ex litteris testibusque quaeremus.
Navis oneraria maxima triremis instar pulcherrima atque ornatissima palam sumpto publico Verris nomine aedificata est, publice per magistratum senatumque Mamertinum ei data donataque est. Haec navis onusta praeda Siciliensi, adpulsa Veliam est cum plurimis rebus iis, quas iste Romam mittere noluit, quod erant clarissimae maximeque eum delectabant. Ibi eam navem nuper egomet vidi Veliae plurimique alii viderunt, iudices.

(2,5,43f.)

Lastschiffe

Im Hafen von Ostia, dessen Molen außen zu erkennen sind, liegen Frachtschiffe (naves onerariae) vor Anker, die sich von Kriegsschiffen (naves longae) durch ihren kurzen tief gewölbten Bauch unterscheiden. Es sind kombinierte Segel- und Ruderschiffe; auf dem mittleren Schiff ist besonders gut das geraffte Segel, auf dem links unten die Ruderreihe zu sehen.
Münzbild der frühen römischen Kaiserzeit.

Hinweise zur Übersetzung:

- Das Adverb und die Steigerungsformen von Adjektiv und Adverb sind normalerweise nicht im Lexikon angegeben. Präge dir daher die Bildungsweisen ein, damit du von ihnen auf die Grundform des Adjektivs zurückschließen kannst; z.B.:

publice:	public--	**public-us**, a, um
clarissimae:	clar-	**clar-us**, a, um.

- Nur die unregelmäßigen und die unvollständigen Steigerungsformen werden zitiert, und zwar die unregelmäßigen mit Hinweis auf die Grundform; z.B.:

  melior: **melior**, ius *Komp. v.* bonus
  maximae: **maximus**, a, um *Superl. v.* magnus.

  die unvollständigen evtl. mit Zitat des Superlativs oder der (seltenen) Grundform bzw. die Präposition; z.B.:

  interiore: **interior**, ius, *Komp.; Superl.* **intimus**, a, um *(*inter*)*

- Die aus erstarrten Kasus bestehenden Adverbien sind in dieser Form angegeben; z.B.:

  clam: **clam** *Adv.*

B Grammatische Erklärung

I a) Formenbildung des Adverbs

Allgemeine Vorbemerkung

Ein A d v e r b dient vor allem der Bezeichnung äußerer *Umstände* der durch ein *Verb* ausgedrückten Handlung, ein A t t r i b u t dagegen der Bezeichnung innerer *Eigenschaften* der durch ein *Nomen* ausgedrückten Person oder Sache.

Die *adverbialen Umstände* umfassen vor allem die *Art und Weise, Ort* und *Zeit,* d.h. wie, wo und wann etwas geschieht:

Navis publice data est.	Das Schiff wurde offiziell übergeben (*wie*?).
Navem nuper vidi.	Das Schiff habe ich neulich gesehen (*wann*?).
Ibi navem vidi.	Dort habe ich das Schiff gesehen (*wo*?).

Das Adverb kann aber auch zur näheren Bestimmung eines *Adjektivs* oder eines anderen *Adverbs* dienen:

Nimis temerarius erat.	Er war allzu leichtsinnig.
Tam celeriter praedam abstulit!	So schnell nahm er die Beute mit!

Es gibt im L grundsätzlich zwei Arten von Adverbien: die Bildung durch Endung und die Verwendung eines ´erstarrten` Kasus.

a) **Bildung durch Endung**:

Stamm + **-e**:	**Adjektive der o-/a-Deklination**	
Stamm + **-iter/–ter:**	**Adjektive der i- Deklination.**	
longus	long-	long-**e**
liber	liber-	liber-**e**
pulcher	pulchr-	pulchr-**e**
fortis	fort-	fort-**iter**
audax	audac-	audac-**ter**

b) Verwendung erstarrter Kasus:

Adjektive:

Nom.	advers-**us**	(o-Dekl.)	gegen
	sat-**is**	(i-Dekl.)	ziemlich
Akk.	mult-**um**	(o-Dekl.)	viel
	facil-**e**	(i-Dekl.)	leicht
	pal-**am**	(a-Dekl.)	öffentlich
	stat-**im**	(i-Dekl.)	sogleich
Abl.	rar-**o**	(o-Dekl.)	selten.

Substantive:

A.instr.	fort-**e**	(<fors,-tis)	zufällig
	grat-**is**	(<gratia)	umsonst
A.loc.	noct-**u**	(<nox,-ctis)	nachts (= im Dunkeln)
	di-**u**	(<dies)	lange (eig.: tagsüber).

Oft gewinnen auch **Komposita** die Bedeutung von Adverbien:

ob-viam	(eig.: den Weg entgegen) entgegen
magn-opere	(eig.: mit großer Mühe) sehr
ho-die	(eig.: an diesem Tag) heute.

Ia) Bildung der Steigerung

a) Steigerung des Adjektivs

Es gibt im L zwei Arten der Steigerung:

1 Die *regelmäßige* Steigerung wird zum einen durch *Endung* gebildet, die an den Stamm tritt:

Komparativ:	**-ior (m/f) -ius (n)**	**= konsonantische Deklination**
Superlativ:	**-issim-us, -a, -um**)	
	-(il)lim-us, -a, -um)	
	(bei Adjektiven auf -l-)	**= o- / a-Deklination**
	-(er)rim-us, -a -um)	
	(bei Adjetiven auf -r-))	

Positiv		Komparativ	Superlativ
long-**us**	St.: long -	long-**ior, -ius**	long-**issimus, -a, -um**
fort-**is**	St.: fort-	fort-**ior, -ius**	fort-**issimus, -a, -um**
audax	St.: audac-	audac-**ior, -ius**	audac-**issimus, -a, um**
facil-**is**	St.: facil-	facil-**ior, -ius**	facil-**limus, -a, -um**
celer	St.: celer -	celer-**ior, -ius**	celer-**rimus, -a, -um**

Deklination des Komparativs (= konsonantische Deklination)

Sg. Nom.	long**ior**	long**ius**	Pl. Nom.	long**ior-es**	long**ior-a**
Akk.	long**ior-em**	long**ius**	Akk.	long**ior-es**	long**ior-a**
Abl.	long**ior-e**		Abl.	long**ior-ibus**	
Dat.	long**ior-i**		Dat.	long**ior-ibus**	
Gen.	long**ior-is**		Gen.	long**ior-um**	

Deklination des Superlativs (= o- / a- / o-Deklination)

Sg. Nom.	long**issim-us**	**–a**	**-um**	Pl. Nom.	long**issim-i**	**-ae**	**-a**
Akk.	long**issim-um**	**-am**	**-um**	Akk.	long**issim-os**	**-as**	**-a**
Abl.	long**issim-o**	**-a**	**-o**	Abl.	long**issim-is**		
Dat.	long**issim-o**	**-ae**	**-o**	Dat.	long**issim-is**		
Gen.	long**iissim-i**	**-ae**	**-i**	Gen.	long**issim-orum**	**–arum, -orum**	

- Eine weitere Form *regelmäßiger* Steigerung ist die durch *Adverb*:
  magis mehr **maxime** am meisten.
  Sie ist jedoch nur bei Adjektiven auf –i(us), -e(us), -u(us) üblich:
  magis necessar-**ius** maxime necessarius notwendiger, am notwendigsten
  magis idon-**eus** maxime idoneus geeigneter, am geeignetsten
  magis ard**uus** maxime arduus steiler, am steilsten.

2. *Regelmäßig* werden die fünf folgenden Adjektive gesteigert:

bonus	melior	optimus	gut, besser, am besten
malus	peior	pessimus	schlecht, schlechter, am schlechtesten
magnus	maior	maximus	groß, größer, am größten
parvus	minor	minimus	klein, kleiner, am kleinsten
multum	plus	plurimum	viel, mehr, am meisten
multi	plures	plurimi	viele, mehrere, die meisten.

⇒ *Merke dir die unterschiedliche Deklination innerhalb der Steigerung*:
Positiv und Superlativ: o-/a-/-o-Deklination
Komparativ: konsonantische Deklination: -ior, -ius.
Nur *Sing. Neutr.* kann sinngemäß multum viel bilden.

b) Steigerung des Adverbs

Komparativ: **-ius** Superlativ: **-e**

Positiv	Komparativ	Superlativ
long-**e** fort-**iter** audac-**ter** (facile) celer-**iter**	long-**ius** fort-**ius** audac-**ius** facil-**ius** celer-**ius**	long**issim-e** fort**issim-e** audac**issim-e** facil**lim-e** celer**rim-e**

⇒ ***Gleiche Endung***
- Komparativ des Adverbs = Komparativ des Adjektivs Neutrum Sg: longius;
- Superlativ = Positiv o-/a-Dekl.: long**e** = longissim**e**.

II Bedeutung der Steigerungsformen

Die beiden Steigerungsstufen haben im L ein weiteres Bedeutungsfeld als im D.

1. Zunächst bezeichnen sie den direkten Vergleich:
- Der Komparativ drückt aus, daß ein Wesen eine Eigenschaft in höherem oder niedrigerem Maße besitzt als ein anderes:
  patria mihi **carior** est. Meine Heimat ist mir **lieber**.

  Das Verglichene (tertium comparationis) wird entweder durch quam oder durch den Ablativ des Vergleichs (ablativus comparationis) ausgedrückt:
  patria mihi carior est **quam** vita. Meine Heimat ist mir lieber **als** mein Leben.
  patria mihi carior est **vita**.

  Das Maß des Vergleichs steht ebenfalls im Ablativ (ablativus mensurae):
  patria mihi **multo** carior est. Meine Heimat ist mir **viel** lieber.

- Der Superlativ drückt aus, daß ein Wesen eine Eigenschaft im höchsten oder niedrigsten Maß besitzt:
  Sicilia insula maxima est. Die Insel Sizilien ist **am größten**.

  Das Verglichene wird durch den Genetiv der Menge (genetivus partitivus) ausgedrückt:
  Omnium insularum maxima est. Sie ist am größten **von allen Inseln.**

2. Oft aber ist nur ein ungefährer Vergleich gemeint; das ist dann der Fall, wenn das Verglichene nicht ausgedrückt ist:
- beim Komparativ im Sinn von „ziemlich“, „zu“, „allzu“:
  hoc mihi **gravius** videtur. Das scheint mir **ziemlich, zu, allzu** schwer.
- bei Elativ im Sinn von „sehr“, „außerordentlich“, „ungewöhnlich“:
  Domus Heii **ornatissima** erat. Sein Haus des Heius war **sehr** geschmückt.

C Aufgaben

I. Zum Text:

1. Lerne die neuen Wörter und Wortgruppen.
2. Bestimme die Adverbien in L 8 und L1-7.
3. Sachwissen: Welche Aufgaben hatte ein Provinzverwalter? Wer stellte in der Provinz die Truppen bzw. Schiffe? Worin verstieß Verres gegen seine Pflicht?

II. Zur Grammatik:

1.a) Steigere die Adjektive des MW. b) Bilde die Adverbien und steigere sie.

2. Dekliniere im Sg. und Pl.:
altior mons – altius flumen; turpior homo – turpius flagitium; plures cives – plura itinera.

3. Unterscheide:
facinus gravius – gravius ferre; iter difficilius – difficilius proficisci.

4. Übersetze und bestimme die Adverbien und ihre Bildung:

1. Siculi saepe ad me publice venerunt.
2. Id tuli graviter et acerbe.
3. In provincia non optime meritus est.
4. Quis umquam tam palam de honore, tam vehementer de salute sua contendit quam ille atque illius amici?
5. Familiariter tecum loquor!
6. Omnia ille libidinose, nefarie, crudeliter fecit.
7. Homines te non solum audiunt, sed libenter studioseque audiunt.
8. Caecilius hanc causam non nimis severe, non nimis accurate, non nimis diligenter agit.
9. Turpissime flagitiosissimeque discedit.
10. Ea, quae singillatim ac diu collecta sunt, uno tempore universa perdo.

Lektion 9

Attribut: Genetiv

A Text

Das Forum Romanum – ein Beutekunst-Museum

Es war üblich, daß hohe römische Beamte erbeutete Kunstwerke eine Zeit lang in Rom auf dem Forum und auf anderen öffentlichen Plätzen als Schmuckstücke ausstellten. In manchen Fällen gaben sie sie dann den unterlegenen Völkern oder Gemeinden wieder zurück. Nicht so Verres:

Socii nationesque exterae tum primum spem omnem rerum ac fortunarum suarum abiecerunt; nam casu legati ex Asia atque Achaia plurimi Romae tunc fuerunt, qui deorum simulacra ex suis fanis sublata in foro venerabantur, itemque cetera signa et ornamenta cum cognoscerent, alia alio in loco lacrimantes intuebantur. Eorum omnium hunc sermonem tum esse audiebamus nihil esse quod quisquam dubitaret de exitio sociorum atque amicorum, cum quidem viderent in foro populi Romani, quo in loco antea qui sociis iniurias fecerant accusari et condemnari solebant, ibi esse palam posita ea, quae ab sociis per scelus ablata ereptaque essent.

(2,1,59)

Marktplatz

Marktplatz (forum) von Pompeji mit Eingangsbogen, links Podium des Jupitertempels, rechts Vorhalle des Lebensmittelmarktes (marcellum), dahinter Podeste für Ehrenstatuen.

B Grammatische Erklärung

I Formenbildung

Die an den Stammlaut gehängten Endungen des Genetivs lauten:

Sg.: **-i** bzw. **-s**

Pl.: **-rum** bzw. **–um** / **-ium**

Substantive:

o-Deklination		a-Deklination	u-Deklination	e-Deklination
amic-**i** amico-**rum**	consili-**i** consilio-**rum**	porta-**e** porta-**rum**	magistratu-**s** magistratu-**um**	re-**i** re-**rum**

konsonantische Deklination		i-Deklination		gemischte Deklination	
civitat-**is** civitat-**um**	nomin-**is** nomin-**um**	secur-**is** secur-**ium**	mar-**is** mar-**ium**	civ-**is** civ-**ium**	urb-**is** urb-**ium**

Adjektive:

o-/a-Deklination			konsonantische Deklination
long-**i** long-**orum**	long-**ae** long-**arum**	long-**i** long-**orum**	veter-**is** veter-**um**

i-Deklination		
fort-**is** fort-**ium**	celer-**is** celer-**ium**	audac-**is** audac-**ium**

⇒ *Gleichlautende Endungen verschiedener Kasus:*

-um: Akk. Sg. m und Nom. und Akk. Sg. n der o-Deklination:
= Gen.Pl. der konsonantischen Deklination:
amic**um** und consili**um** = civitat**um**

II Bedeutung und Übersetzung des Genetivs

Der Genetiv dient nur noch in wenigen Fällen als O b j e k t , d.h. als Ergänzung eines Verbs:

1. bei Verben des *Gerichtsverfahrens:*
   criminis accusare — **eines Verbrechens** anklagen
   capitis damnare — **zum Tod** verurteilen
2. bei *unpersönlichen Ausdrücken:*
   me **facinoris** paenitet — mich reut **die Tat**.

Viel häufiger ist seine Verwendung als A t t r i b u t , d.h. als Beifügung zu einem Nomen: hier bezeichnet er im weitesten Sinne den Geltungsbereich einer Person oder Sache:

1. *Teilungsgenetiv* (genetivus partitivus) bei Mengenbegriffen jeder Art:
   copia **frumenti** — eine Menge **Getreide**
   multum / aliquid / nihil **frumenti** — viel / etwas / kein **Getreide**

2. Genetiv des *Besitzes* (genetivus possessivus):
   mos **maiorum** — die Sitte **der Vorfahren**

3. Genetiv als *Subjekt* oder *Objekt* der *Handlung* eines von einem Verb abgeleiteten Nomens (genetivus subiectivus oder obiectivus):
   timor ← timere:
   timor **praedonum**
   = praedones timent — die Furcht **der Räuber**
   oder = praedones timentur — die Furcht **vor den Räubern.**
   bei einigen Verbalnomina ist der Genetiv nur als Objekt denkbar:
   cupido ← cupere:
   cupido **praedae** — Gier **auf Beute**, Beutegier
   nicht: Gier *der* Beute
   memor ← (re-)miniscere:
   memor **pristini temporis** — **der früheren Zeit** eingedenk
   Im D ist der Genetiv des Objekts oft durch eine Präposition ausgedrückt:
   amor dei — die Liebe **zu** Gott # die Liebe Gottes

4. Genetiv der *Eigenschaft* (genetivus qualitatis) im Sinne eines adjektivischen *Attributs:*
   vir **magni ingenii** — ein Mann **von hoher Begabung**,
   = ein **sehr begabter** Mann
   auch als *Prädikatsnomen* bei esse:
   vir magni ingenii est — der Mann hat eine hohe Begabung,
   = der Mann ist sehr begabt

5. Genetiv des *Bereichs* (bei esse):
   consulis est — es ist **Sache**, Aufgabe, Pflicht des Konsuls

6. Genetiv des *Wertes* (genetivus pretii) bei Verben des Kaufens und Verkaufens:
   magni / parvi aestimare — **hoch / gering** einschätzen
   pluris / minoris emere / vendere — **teurer / billiger** kaufen / verkaufen.

C Aufgaben

I. Zum Text

1. Lerne die neuen Wörter und Wortverbindungen.
2. Suche aus T 9 sowie aus T 1-8 die Genetive und bestimme sie; übersetze sie nun genau. Was erfährst du aus dem Text über die Aufstellung von Statuen in Rom?

II. Zur Grammatik

1. Nenne die lexikalische Grundform und übersetze die gegebene Textform:
iudicum - orationis - corporis - patris - navis - generis;
fani - regum - heredis - manus - portuum - pupillorum - criminum - gloriae - populi - litterarum - parvi - sceleratorum - digni - similis - crudelium - audacium - vehementis - sacrae - liberi;
innocentioris - vehementissimi - integrorum - sanctissimarum - gravioris - miserrimarum.

2. Merke dir die formal gleichen Endungen (sie sind im Satz meist eindeutig):
amicum = nominum: amicum amat - numerus nominum;
orbis = orbis: orbis terrarum - fines orbis;
fortius - nefarius: fortius pugnat - nefarius est.

3.Übersetze die Sätze und definiere den Genetiv:
1. Operae pretium est legem ipsam cognoscere.
2. Supplicium more maiorum sumpsit.
3. Memor poenae erat.
4. Laboris mei fructum sumo.
5. Nemo eius gratia non movebatur.
6. Praedonum impetum fugiebant.
7. Reliqui inopia rerum omnium confecti erant.
8. Siculorum bona praedam tuam ducis.
9. Verris mores improbos novistis.
10. Venit mihi in mentem Catonis.

Lektion 10

Konjunktiv im Hauptsatz

A Text

Die Geldgier eines Quästors

Verres wurde 83 v.Chr. als Quaestor dem Konsul Cnaeus Carbo zugeteilt, der in diesem Jahr die Provinz Gallia cisalpina (Oberitalien) verwaltete. Im Bürgerkrieg zwischen Marius und Sulla stand Carbo auf der Seite Sullas. Verres zog zwar in die Provinz, machte sich dann aber mit den ihm anvertrauten Geldern aus dem Staub, wobei er Aufwendungen für den Konsul vorgab. Cicero deckt das Scheinargument auf:

Quodsi inanis profugisses, tamen ista tua fuga nefaria proditio consulis tui conscelerata iudicaretur. „Malus civis, improbus consul, seditiosus homo Cn. Carbo fuit." Fuerit aliis: tibi quando esse coepit? posteaquam tibi pecuniam, rem frumentariam, rationes omnes suas exercitumque commisit. Nam si tibi antea displicuisset, idem fecisses quod anno post M. Piso fecit. Quaestor cum L. Scipioni consuli obtigisset, non attigit pecuniam; quod de re publica sensit, ita sensit ut nec fidem suam nec morem maiorum nec necessitudinem sortis laederet. Nunc quamvis sint homines qui mortuum Cn. Carbonem oderint, tamen hi debent non quid illi accidere voluerint, sed quid ipsi in tali re metuissent cogitare. Commune est hoc malum, communis metus, commune periculum. Nullae sunt occultiores insidiae quam eae quae latent in simulatione officii. Nam eum qui palam est adversarius facile vitare possis; hoc vero occultum intestinum ac domesticum malum opprimit antequam prospicere atque explorare potueris.

(2,1,37.39)

Insignien eines Quästors

Geldkasse (fiscus) und Sitzbank (subsellium); darüber Q(aestor). Römische Münze aus Makedonien. Die Kasse kennzeichnet den Finanzbeamten, die Bank mit geraden Beinen ist der Amtssitz der unteren Beamten; Konsul und Prätor saßen auf einem Einzelsitz mit gekurvten Beinen, der sella (curulis). Die Keule zwischen den Insignien ist Symbol des Hercules.

Hinweise zur Übersetzung

- Präge dir nicht nur die *lateinischen* sondern auch die *deutschen* Formen des Konjunktivs ein, damit du sie ihrer Bedeutung gemäß anwenden kannst.
- Überlege, welchen Sinn die lateinische Formulierung im Text hat und ob ihr im D der Konjunktiv oder doch eher der Indikativ entspricht.

B Grammatische Erklärung

Allgemeine Vorbemerkung zum Konjunktiv als Modus

Das L kennt wie das D zwei Aussageweisen, den I n d i k a t i v und den K o n j u n k t i v. Mit dem Indikativ bezeichnet der Sprechende jede Art von Tatsächlichkeit, mit dem Konjunktiv jede Art von Vorstellung im weitesten Sinne: Wünsche, Vermutungen, Phantasien. Dabei ist es in den Einzelsprachen durchaus verschieden, ob und wann Vorgänge indikativisch oder konjunktivisch aufgefaßt und ausgedrückt werden.

Im L umfaßt der Konjunktiv vor allem drei Bereiche: den O p t a t i v zum Ausdruck von *Wünschen*, den P o t e n t i a l i s zum Ausdruck von *möglichen* Vorgängen und den I r r e a l i s zum Ausdruck von *nichtwirklichen* Vorgängen.
Im D dagegen ist der Gebrauch des Konjunktivs formal und inhaltlich sehr zurückgegangen: es gibt nur noch wenige konjunktivische Verbformen; an ihre Stelle treten *Hilfsverben* und *adverbiale Ausdrücke* mit dem Indikativ, oder es steht überhaupt nur der Indikativ.

Das wird besonders deutlich bei der Wiedergabe von Nebensätzen: Wenn im L ein Konjunktiv steht, wird im D meist der Indikativ gesetzt:

Cum quaestor consuli obtigisset,	Als er dem Konsul als Quästor zugeteilt worden *war*,
non attigit pecuniam.	rührte er das Geld nicht an.

Allerdings ist in einigen Fällen auch im D noch die formale Bildung zumindest möglich und jedenfalls sinngemäßer als der Indikativ. Deshalb ist es wichtig, sich diejenigen Formen einzuprägen, die noch vorhanden sind (s. S. **Der Konjunktiv im D**).

I Formenbildung

Der Konjunktiv wird in den einzelnen Tempora prinzipiell wie der Indikativ gebildet:

Präsens	Aktiv und Passiv:	Infix am Präsensstamm: **-e-** bzw. **–a-**
Imperfekt	Aktiv und Passiv:	Infix am Präsensstamm: **-re-** bzw. **–ere-**

Perfekt	Aktiv:	Infix am Perfektstamm: **-eri-**
Plusquamperfekt	Aktiv:	Infix am Perfektstamm: **-isse-**
Perfekt	Passiv:	Zusammengesetzte Bildung aus: PPP und Konjunktiv *Präsens* von esse
Plusquamperfekt	Passiv:	PPP und Konjunktiv *Imperfekt* von esse.

Einen Konjunktiv Futur hat das L nicht ausgebildet, weil das Futur selbst schon eine (noch) nicht verwirklichte Handlung bezeichnet. Daher stimmen Futur und Konjunktiv im L in den meisten Formen überein.
Wohl aber konnte durch das *umschriebene* Futur der Konjunktiv zum Ausdruck gebracht werden; das war besonders in den Fällen nötig, in denen der Konjunktiv nach lateinischem Sprachempfinden verlangt wurde.
Gebildet wird das umschriebene Futur durch Zusammensetzung aus

PFA und Konjunktiv *Präsens* bzw. *Imperfekt* von **esse**.

Konjunktiv Präsens

a-Konjugation	e-Konjugation	i-Konjugation	kons. Konjug.	kurzv.Konjug.
voc-**e-m**	vide-**a-m**	audi-**a-m**	mitt-**a-m**	capi-**a-m**
voc-**e-s**	vide-**a-s**	audi-**a-s**	mitt-**a-s**	capi-**a-s**
voc-**e-t**	vide-**a-t**	audi-**a-t**	mitt-**a-t**	capi-**a-t**
voc-**e-mus**	vide-**a-mus**	audi-**a-mus**	mitt-**a-mus**	capi-**a-mus**
voc-**e-tis**	vide-**a-tis**	audi-**a-tis**	mitt-**a-tis**	capi-**a-tis**
voc-**e-nt**	vide-**a-nt**	audi-**a-nt**	mitt-**a-nt**	capi-**a-nt**
voc-**e-r**	vide-**a-r**	audi-**a-r**	mitt-**a-r**	capi-**a-r**
voc-**e-ris**	vide-**a-ris**	audi-**a-ris**	mitt-**a-ris**	capi-**a-ris**
voc-**e-tur**	vide-**a-tur**	audi-**a-tur**	mitt-**a-tur**	capi-**a-tur**
voc-**e-mur**	vide-**a-mur**	audi-**a-mur**	mitt-**a-mur**	capi-**a-mur**
voc-**e-mini**	vide-**a-mini**	audi-**a-mini**	mitt-**a-mini**	capi-**a-mini**
voc-**e-ntur**	vide-**a-ntur**	audi-**a-ntur**	mitt-**a-ntur**	capi-**a-ntur**

Imperfekt

a-Konjugation	e-Konjugation	i-Konjugation	kons. Konjug.	kurzv.Konjug.
voca-**re-m**	vide-**re-m**	audi-**re-m**	mitt-**ere-m**	cap-**ere-m**
voca-**re-s**	vide-**re-s**	audi-**re-s**	mitt-**ere-s**	cap-**ere-s**
voca-**re-t**	vide-**re-t**	audi-**re-t**	mitt-**ere-t**	cap-**ere-t**
voca-**re-mus**	vide-**re-mus**	audi-**re-mus**	mitt-**ere-mus**	cap-**ere-mus**
voca-**re-tis**	vide-**re-tis**	audi-**re-tis**	mitt-**ere-tis**	cap-**ere-tis**
voca-**re-nt**	vide-**re-nt**	audi-**re-nt**	mitt-**ere-nt**	cap-**ere-nt**
voca-**re-r**	vide-**re-r**	audi-**re-r**	mitt-**ere-r**	cap-**ere-r**
voca-**re-ris**	vide-**re-ris**	audi-**re-ris**	mitt-**ere-ris**	cap-**ere-ris**
voca-**re-tur**	vide-**re-tur**	audi-**re-tur**	mitt-**ere-tur**	cap-**ere-tur**
voca-**re-mur**	vide-**re-mur**	audi-**re-mur**	mitt-**ere-mur**	cap-**ere-mur**
voca-**re-mini**	vide-**re-mini**	audi-**re-mini**	mitt-**ere-mini**	cap-**ere-mini**
voca-**re-ntur**	vide-**re-ntur**	audi-**re-ntur**	mitt-**ere-ntur**	cap-**ere-ntur**

Perfekt Aktiv:

v-Perfekt	u-Perfekt	s-Perfekt
vocav-**eri-m**	habu-**eri-m**	mis-**eri-m**
vocav-**eri-s**	habu-**eri-s**	mis-**eri-s**
vocav-**eri-t**	habu-**eri-t**	mis-**eri-t**
vocav-**eri-mus**	habu-**eri-mus**	mis-**eri-mus**
vocav-**eri-tis**	habu-**eri-tis**	mis-**eri-tis**
vocav-**eri-nt**	habu-**eri-nt**	mis-**eri-nt**

Ablautperfekt	Dehnungsperf.	Reduplik.perf.	Stammperfekt
cep-**eri-m**	vid-**eri-m**	cucurr-**eri-m**	defend-**eri-m**
cep-**eri-s**	vid-**eri-s**	cucurr-**eri-s**	defend-**eri-s**
cep-**eri-t**	vid-**eri-t**	cucurr-**eri-t**	defend-**eri-t**
cep-**eri-mus**	vid-**eri-mus**	cucurr-**eri-mus**	defend-**eri-mus**
cep-**eri-tis**	vid-**eri-tis**	cucurr-**eri-tis**	defend-**eri-tis**
cep-**eri-nt**	vid-**eri-nt**	cucurr-**eri-nt**	defend-**eri-nt**

Plusquamperfekt Aktiv

v-Perfekt	u-Perfekt	s-Perfekt
vocav-**isse-m**	habu-**isse-m**	mis-**isse-m**
vocav-**isse-s**	habu-**isse-s**	mis-**isse-s**
vocav-**isse-t**	habu-**isse-t**	mis-**isse-t**
vocav-**isse-mus**	habu-**isse-mus**	mis-**isse-mus**
vocav-**isse-tis**	habu-**isse-tis**	mis-**isse-tis**
vocav-**isse-nt**	habu-**isse-nt**	mis-**isse-nt**

Ablautperfekt	Dehnungsperf.	Reduplik.perf.	Stammperfekt
cep-**isse-m**	vid-**isse-m**	cucurr-**isse-m**	defend-**isse-m**
cep-**isse-s**	vid-**isse-s**	cucurr-**isse-s**	defend-**isse-s**
cep-**isse-t**	vid-**isse-t**	cucurr-**isse-t**	defend-**isse-t**
cep-**isse-mus**	vid-**isse-mus**	cucurr-**isse-mus**	defend-**isse-mus**
cep-**isse-tis**	vid-**isse-tis**	cucurr-**isse-tis**	defend-**isse-tis**
cep-**isse-nt**	vid-**isse-nt**	cucurr-**isse-nt**	defend-**isse-nt**

Perfekt Passiv:

vocatus,a,um **sim**
sis
sit
vocati,ae,a **simus**
sitis
sint

Plusquamperfekt Passiv:

vocatus,a,um **essem**
esses
esset
vocati,ae,a **essemus**
essetis
essent

Umschriebenes Futur Aktiv:

vocaturus,a,um **sim** usw.
vocaturus,a,um **essem** usw.

(Ein umschriebenes Futur *Passiv* gab es nicht.)

⇒ *Unterschiedliche und ähnlich und daher verwechelbare Formen:*

- Die 1. Pers. Sg. hat die sog. *sekundäre* Personenendung –m (nicht –o):
  voce**m** vorare**m** vocveri**m** vocavisse**m**
- Der Konjunktiv Imperfekt und Plusquamperfekt ähnelt dem Infinitiv Präsens und Perfekt:
  vocare-m **vocavisse**-m
- Die Deponentien bilden den Konjunktiv wie die *passiven Formen* der aktiven Verben. Daher kommt es, daß im Imperfekt scheinbar die Endung an einen aktiven Infinitiv tritt:
  arbitrare-r .

II Verwendung und Übersetzung des Konjunktivs im Hauptsatz

a) Wunsch (Optativ)

- erfüllbarer Wunsch
  in der Gegenwart → K. Präsens:
  Utinam veni**at**! — *Hoffentlich* kommt er! (eig.: Komme er doch!)
  in der Vergangenheit → K. Perfekt:
  Utinam ven**erit**! — *Hoffentlich* ist er gekommen! (eig.: Sei er doch gekommen!)
- unerfüllbarer Wunsch
  in der Gegenwart → K. Imperfekt:
  Utinam veni**ret**! — **Käme** er doch! Wenn er nur **käme**!
  in der Vergangenheit → K. Plusquamperfekt:
  Utinam veni**sset**! — **Wäre** er doch **gekommen**! Wenn er doch **gekommen wäre**!

b) Möglichkeit (Potentialis)

- in der Gegenwart → K. Präsens *oder* Perfekt:
  dic**at** quis / di**xerit** quis — Es *könnte* jemand sagen...
- in der Vergangenheit → K. Imperfekt:
  dic**eret** quis — Man **hätte** sagen **können**...

c) Nichtwirklichkeit (Irrealis)

- der Gegenwart → K. Imperfekt:
  Si veni**res**, me vid**eres**. — Wenn du **kämest**, **sähest** du mich. Wenn du kommen **würdest,würdest** du mich sehen.
- der Vergangenheit → K. Plusquamperfekt:
  Si veni**sses**, me vidi**sses**. — Wenn du gekommen **wärest**, **hättest** du mich gesehen.

d) Aufforderung (Adhortativ bzw. Iussiv)

- Konjunktiv Präsens:
  Eamus! **E**atis! **E**ant! — Gehen wir!Geht jetzt! Sie sollen gehen!

e) Verbot (Prohibitiv):

- ne und Konjunktiv Perfekt (oder: noli / nolite und Infinitiv):
  Ne ven**eris**! **Ne** ven**eritis**! — Komm nicht! Kommt nicht!

(oder: **Noli** / **Nolite** venire!)

⇒ *Bedeutungsvarianten der konjunktivischen Formen:*

- Konjunktiv Präsens kann bedeuten:

veniat	Hoffentlich kommt er	= erfüllbarer Wunsch → Gegenwart
	Er dürfte wohl kommen!	= Möglichkeit → Gegenwart
	Er soll kommen!	= Aufforderung

- Konjunktiv Perfekt kann bedeuten:

venerit	Hoffentlich ist er gekommen!	= erfüllbarer Wunsch →Vergangenheit
	Er dürfte wohl kommen	= Möglichkeit → Gegenwart
ne veneris!	Komm nicht!	= Verbot

- Konjunktiv Imperfekt kann bedeuten:

veniret	Käme er doch!	= unerfüllbarer Wunsch → Gegenwart
	Wenn er käme, ...	= Nichtwirklichkeit → Gegenwart
	Er hätte wohl kommen können	= Möglichkeit → Vergangenheit

- Konjunktiv Plusquamperfekt kann bedeuten:

venisset	Wenn er doch gekommen wäre!	= unerfüllbarer Wunsch
	Er wäre gekommen, wenn ...	= Nichtwirklichkeit → Vergangenheit

⇒ Konjunktiv Präsens und Perfekt: = Wunsch und Möglichkeit
⇒ Konjunktiv Imperfekt und Plusquamperfekt: = Nichtwirklichkeit.

C Aufgaben

I. Zum Text:

1. Lerne die neuen Wörter und Wortblöcke. Dieser Teil der Aufgabe wird in den folgenden Aufgaben nicht mehr eigens erwähnt.
2. Bestimme die konjunktivischen Formen der Hauptsätze in T1-10 und übersetze sie erneut.
3. Welche Aufgaben hatte ein Quästor? Welches Vergehens hat sich Verres schuldig gemacht?

II. Zur Grammatik:

1. Dekliniere ein Verb jeder Konjugationsklasse des MW im Konjunktiv.
2. Vergleiche die Formen, bestimme und übersetze sie:

a) descendas - descendis; ostendat - ostendit (2!); relinquamus - relinquimus - reliquimus; accusem - accuso - accusarem; demonstraverim - demonstraveram; taceant - tacent; probo - probem; putaverint - putaverunt - putaverant; discederet - discessisset.

b) arbitratus sum - arbtratus sim; veritus eram - veritus essem; sequeretur - secutus esset; audeat - audet - auderet - ausus sit - ausus esset; revertantur - reverterentur - reverterint - revertissent.

3. Übersetze die Sätze und erkläre den Konjunktiv:

1. Videamus!
2. Quid ego prandia, cenas commemorem?
3. Verum ad illam veniamus praeclaram praeturam!
4. Non credemus M. Octavio?
5. Istum denique ipsum pertulissent, si usitato modo peccavisset.
6. Quis dubitare posset, quid nunc facturus esset?
7. Verum hasce eius cupiditates exponam alio loco, nunc ad Sthenium revertar.
8. Dicet aliquis: "Quid? Tu ista permagno aestimas?"
9. Qui videret, equum Troianum introductum, urbem captam diceret.
10. Basis P. Scipionis restituatur, nomen invicti imperatoris incidatur, signum pulcherrimum Carthagine capta reponatur!

Der Konjunktiv im D

I Formenbildung

Der Konjunktiv als eigenständige *Verbform* ist im D nur noch in folgenden Formen erhalten:

im Präsens von „sein":

ich sei, du seist, er sei usw.,

im Präsens der übrigen Verben in der 3.Pers.Sg.:

er habe, er könne, er singe

im Präteritum der starken Verben:

ich wäre, du wärest, er wäre usw.
ich hätte, du hättest, er hätte usw.
ich sänge, du sängest, er sänge usw.

Alle anderen Formen lauten wie der Indikativ und sind als Konjunktiv nicht mehr zu verstehen:

ich habe, du hast (urspr.: habest), wir haben, ihr habt (urspr.: habet), sie haben
ich sage, du sagst, wir sagen, ihr sagt, sie sagen
ich singe, du singst, wir singen, ihr singt, sie singen
ich sagte, du sagtest, er sagte usw.

Um den Konjunktiv dennoch auszudrücken, werden die fehlenden Formen ersetzt:

durch die Formen des Präteritums:

ich hätte (← hatte), ich sänge (← sang),

durch „würde", das aber eigentlich die Bedingungsform von „werden" ist:

ich würde haben, ich würde sagen, ich würde singen

durch Umschreibung mit Hilfsverben und Adverbien:

ich könnte, möchte, dürfte sagen;
vielleicht, wahrscheinlich, hoffentlich sagst du, usw.

II Bedeutung

Der Konjunktiv drückt im D alle Stufen des Nicht-Tatsächlichen aus:

bloße Höflichkeit:

Dürfte ich Sie wohl um ein Glas Wasser bitten?

Möglichkeit:

Das könnte er tatsächlich gesagt haben!

Unwahrscheinlichkeit:

So etwas wäre wohl kaum geschehen!

Unwirklichkeit:

Beinahe wäre ich gefallen.

Die *Zeit* (Präsens und Präteritum) bezeichnet nicht die *Zeitstufe*, auch nicht das *Zeitverhältnis* wie im L, sondern den *Grad der Wahrscheinlichkeit*:

er sagte, er lese gern (d.h.: er liest wirklich gern)
er sagte, er läse gern (d.h.: er würde es tun, aber er kann es jetzt nicht).

Vor allem in der indirekten Rede sollte der Konjunktiv verwendet werden, um die Aussage als Meinung des Sprechers von der Wiedergabe tatsächlicher Vorgänge zu distanzieren:

er sagt, er liebe sie; er werde ihr stets treu sein - (ob er es tut, bleibt offen).

Allerdings wird in einfachen Nebensätzen der Konjunktiv gern vermieden, weil schon die Satzfolge (und die 3.Person) die Aussage als Meinung kennzeichnet:

er sagt, daß er sie liebt; er sagt, er liebt sie.

Lektion 11

Futur I und II

A Text

Eingrenzung der Anklage

Cicero erklärt, daß er sich in seiner Anklage gegen Verres nur auf die Vergehen aus dessen Amtszeit beschränken und die, die er in seiner Jugend begangen hat, übergehen will:

Primum illum actum istius vitae turpissimum et flagitiosissimum praetermittam. Nihil a me de pueritiae suae flagitiis audietis, nihil ex illa impura adulescentia sua; quae qualis fuerit meministis. Omnia praeteribo quae mihi turpia dictu videbuntur, neque solum quid istum audire, verum etiam quid me deceat dicere considerabo. Vos, quaeso, concedite hoc pudori meo ut aliquam partem de istius impudentia reticere possim.

Omne illud tempus quod fuit antequam iste ad magistratus remque publicam accessit, habeat per me solutum et liberum. Sileatur de nocturnis eius bacchationibus ac vigiliis; leonum, aleatorum, perductorum nulla mentio fiat; damna, dedecora, quae res patris eius, aetas ipsius pertulit, praetereantur; lucretur indicia veteris infamiae; patiatur eius vita reliqua me hanc tantam iacturam criminum facere.

Quaestor Cn. Papirio consuli fuisti ab hinc annos quattuordecim. Ex ea die ad hanc diem quae fecisti in iudicium voco: hora nulla vacua a furto, scelere, crudelitate, flagitio reperietur. Hi sunt anni consumpti in quaestura et legatione Asiatica et praetura urbana et praetura Siciliensi; quare haec eadem erit quadripertita distributio totius accusationis meae. (2,1,32-34)

Rednertribüne

Rekonstruktionszeichnung der republikanischen Rostra: Auf dem römischen Marktplatz (forum) stand an einem abgegrenzten offenen Platz (comitium) ein Treppenbau mit Ballustrade über Bögen, an denen die im ersten Punischen Krieg erbeuteten Schiffschnäbel (rostra)von Punischen Schiffen zur Erinnerung an den ersten Seesieg der Römer angebracht waren. Dies war die Rednertribüne, wegen der Schniffsschnäbel „Rostra" genannt. Der Redner konnte zum Comitium wie auch zum Forum hin sprechen.

Hinweise zur Übersetzung

- Vergleiche die Formen des Futurs mit denen des Konjunktivs und merke dir, welche Formen gleich und welche unterschiedlich sind. Welche Formen des Textes sind demnach *eindeutig* Futur oder Konjunktiv, welche können sowohl Futur als auch Konjunktiv sein?
- Die Demonstrativpronomina spielen in diesem Text ein besonders große Rolle. Ihre Form und Bedeutung kannst du **Tabelle III** entnehmen.

B Grammatische Erklärung

I Formenbildung

Das **Futur I** wird im Prinzip wie das Imperfekt gebildet:

Präsensstamm + Infix + Personenendung Aktiv oder **Passiv.**

Das Infix lautet:

-b- in der a- und e-Konjugation

-e- in der i-, konsonantischen und kurzvokalischen Konjugation; 1.Pers.Sg.: **-a-**

a-Konjugation	e-Konjugation	i-Konjugation	kons.Konjug.	kurzvok.Konj.
voca-**b-o**	vide-**b-o**	audi-**a-m**	mitt-**a-m**	capi-**a-m**
voca-**bi-s**	vide-**bi-s**	audi-**e-s**	mitt-**e-s**	capi-**e-s**
voca-**bi-t**	vide-**bi-t**	audi-**e-t**	mitt-**e-t**	capi-**e-t**
voca-**bi-mus**	vide-**bi-mus**	audi-**e-mus**	mitt-**e-mus**	capi-**e-mus**
voca-**bi-tis**	vide-**bi-tis**	audi-**e-tis**	mitt-**e-tis**	capi-**e-tis**
voca-**bu-nt**	vide-**bu-nt**	audi-**e-nt**	mitt-**e-nt**	capi-**e-nt**
voca-**b-or**	vide-**b-or**	audi-**a-r**	mitt-**a-r**	capi-**a-r**
voca-**be-ris**	vide-**be-ris**	audi-**e-ris**	mitt-**e-ris**	capi-**e-ris**
voca-**bi-tur**	vide-**bi-tur**	audi-**e-tur**	mitt-**e-tur**	capi-**e-tur**
voca-**bi-mur**	vide-**bi-mur**	audi-**e-mur**	mitt-**e-mur**	capi-**e-mur**
voca-**bi-mini**	vide-**bi-mini**	audi-**e-mini**	mitt-**e-mini**	capi-**e-mini**
voca-**bu-ntur**	vide-**bu-ntur**	audi-**e-ntur**	mitt-**e-ntur**	capi-**e-ntur**

⇒ *Unterschiedliche Bildung des Futur I:*

voca**bo** ~ vide**bo** # audi**am** ~ mitt**am** ~ capi**am**

⇒ *Vergleiche Konjunktiv Präsens und Futur I:*

Kj.:voc**em** # vide**am** ~ audi**am** ~ mitt**am** ~ capi**am**

voc**es** vide**as** audi**as** mitt**as** capi**as**

Ft. audi**am** ~ mitt**am** ~ capi**am**

audi**es** ~ mitt**es** ~ capi**es**

Das **Futur II** wird im Prinzip wie das Plusquamperfekt gebildet:

Aktiv: **Perfektstamm + Infix + Personenendung.**
Infix: **-era-.**
Passiv: **Partizip Perfekt Passiv** und **Personalform** des **Futur I** von **esse.**

Aktiv:

v-Perfekt	u-Perfekt	s-Perfekt
voca-**ver-o**	vid-**er-o**	mis-**er-o**
voca-**veri-s**	vid-**eri-s**	mis-**eri-s**
voca-**veri-t**	vid-**eri-t**	mis-**eri-t**
voca-**veri-mus**	vid-**eri-mus**	mis-**eri-mus**
voca-**veri-tis**	vid-**eri-tis**	mis-**eri-tis**
voca-**veri-nt**	vid-**eri-nt**	mis-**eri-nt**

Ablautperfekt	Dehnungsperf.	Reduplik.perf.	Stammperfekt
cep-**er-o**	vid-**er-o**	cucurr-**er-o**	defend-**er-o**
cep-**eri-s**	vid-**eri-s**	cucurr-**eri-s**	defend-**eri-s**
cep-**eri-t**	vid-**eri-t**	cucurr-**eri-t**	defend-**eri-t**
cep-**eri-mus**	vid-**eri-mus**	cucurr-**eri-mus**	defend-**eri-mus**
cep-**eri-tis**	vid-**eri-tis**	cucurr-**eri-tis**	defend-**eri-tis**
cep-**eri-nt**	vid-**eri-nt**	cucurr-**eri-nt**	defend-**eri-nt**

Passiv:

captus, -a, -um **ero**	capti, -ae, -a **erimus**
captus, -a, -um **eris**	capti, -ae, -a **eritis**
captus, -a, -um **erit**	capti, -ae, -a **erunt**

⇒ *Unterscheide Futur I und Imperfekt:*

Von dem Infix des Futurs der a- und e-Konjugation unterscheidet sich das des Imperfekts:

-b- # **-ba-**

Das –a- des Imperfekt-Infixes ist lang, daher in vorletzter Silbe betont; die Vokale –i- und –u- des Futurs sind kurz, daher nicht betont (außer in der 2. und 3. Pers. Pl.Pass.: Dreisilbengesetz):

vocabámus, -bátis, -bámur, -bámini, -bántur
vocábimus, -bitis, -bimur, -bímini, -búntur.

⇒ *Unterscheide Futur II und Plusquamperfekt Aktiv:*

-**veri-** # **-vera-**

Futur II und Konjunktiv Perfekt sind identisch außer in der 1. Pers. Sg.:

Konjunktiv oder Futur: -**veris** usw.
Konjunktiv: -**vero** Futur: veri**m**.

II Bedeutung und Verwendung der futurischen Zeiten

Mit dem Futur I bezeichnet der Sprecher zukünftige Handlungen, mit dem Futur II solche, die er vor diesen zukünftigen als abgeschlossen betrachtet.
Im D wird meist statt des Futur I das Präsens. statt des Futur II das Perfekt oder ebenfalls das Präsens verwendet:

Ubi advenero, tibi scribam.		Sobald ich angekommen bin, schreibe ich dir.
	oder:	Sobald ich ankomme, schreibe ich dir.
	nicht:	Sobald ich angekommen sein werde, werde ich dir schreiben.

Neben dem echten Futur hat sich im L noch ein sogenanntes u m s c h r i e b e n e s F u t u r gebildet:

Partizip Futur Aktiv und **esse**.

Es bezeichnet nicht absolut in der Zukunft liegende Vorgänge, sondern solche, die unmittelbar bevorstehen. Im D wird dies durch Umschreibung ausgedrückt:

Verrem **accusaturus sum**	**Ich bin dabei / ich habe vor**, Verres anzuklagen; **ich will** Verres anklagen.

Das umschriebene Futur ist besonders dann geeignet, wenn der Sprecher vom Standpunkt der Vergangenheit aus gesehen zukünftige Ereignisse schildern will:

Verrem accusaturus **eram.**	Ich **war** dabei / ich **hatte** vor,Verres anzuklagen; **ich wollte** Verres anklagen.

oder in Sätzen, die den a.c.i. oder den Konjunktiv verlangen, weil es einen echten Infinitiv Futur und einen Konjunktiv Futur nicht gibt:

Dicebam **me** Verrem **accusaturum esse.**	Ich sagte, **daß ich** Verres **anklagen würde / wollte.**
Rogabant, **cur** Verrem non **accusaturus essem.**	Sie fragten, **warum ich** Verres nicht **anklagen würde / wollte.**

C Aufgaben

I. Zum Text:

Der Text setzt die Kenntnis der römischen Ämterlaufbahn voraus.

1. a) Welche Ämter gab es und in welcher Reihenfolge wurden sie absolviert?
b) Welches sind die Hauptkriterien – im Unterschied zu den Ämtern im heutigen Europa?

2. a) Welche Beamten verwalteten die Provinzen?
b) Welche Aufgaben hatten sie durchzuführen?
c) Welche Unterbeamten und Gehilfen gehörten zu ihrem Stab?

II. Zur Grammatik:

1. Vergleiche und übersetze folgende Formen und Sätze:

a) vocavero – vocaveram - vocaverim;
habueras – habueris (2) ;
miserint (2) - miserant - miserunt;
cepero – ceperim - ceperam – cepi; cepisti – ceperis (2) - ceperas.

b) defendo - defendi - defendero – defenderam –defenderim;
reprehendit (2!) – reprehenderit (2) - reprehenderat;
respondent - reponderunt - responderant - responderint;
dicunt - dixerunt – dixerint (2) - dixerant;
contenditis - contendistis- contenderitis (2) - contenderatis.
c) Sicilia a me defenditur / defendetur / defendebatur / defensa est / defensa erit (2) / defensa erat.
Id numquam audes / audebas / audebis / ausus es / ausus eris / ausus eras.
In patriam suam revertitur / revertetur / revertebatur / revertit / reverterat / reverterit.
Arbitror / arbitrar / arbitrabar - arbitratus sum / eram / ero.
Si id non feceris, te non accusabo.

2. Umschriebenes Futur: Übersetze folgende Formen und Sätze:
a) defensurus sum – responsuri erant – dicturus est – acturi eramus - reversurus est.
b) Siciliam defensurus sum (eram).
Arbitrantur (arbitrabantur) me Siciliam defensurum esse.
Cum Verres signa deportaturus esset, tempestas orta est.

Lektion 12

Nominalformen des Verbs:
Infinitiv – a.c.i. – n.c.i.

A Text

Die Verehrung der Göttin Ceres in Sizilien

Auf der getreidereichen Insel Sizilien genoß die Göttin Ceres besondere Verehrung. Die Stadt Henna war Mittelpunkt des Kultes:

Vetus est haec opinio, iudices, insulam Siciliam totam esse Cereri et Liberae consecratam. Hoc cum ceterae gentes sic arbitrantur, tum ipsis Siculis ita persuasum est, ut animis eorum insitum et innatum esse videatur. Nam et natas esse has in iis locis deas et fruges in ea terra primum repertas esse arbitrantur et raptam esse Liberam ex Hennensium nemore, qui locus, quod in media est insula situs, umbilicus Siciliae nominatur. Quam cum investigare et conquirere Ceres vellet, dicitur inflammavisse taedas iis ignibus, qui ex Aetnae vertice erumpunt. Quas sibi cum ipsa praeferret, orbem omnem peragravisse terrarum. Henna autem, ubi ea, quae dico, gesta esse memorantur, est loco perexcelso atque edito, quo in summo est aequata agri planities et aquae perennes, tota vero ab omni aditu circumcisa est. Quam circa lacus lucique sunt plurimi atque laetissimi flores omni tempore anni, locus ut ipse raptum illum virginis declarare videatur.
Prope est spelunca quaedam conversa ad aquilonem infinita altitudine, qua Ditem patrem ferunt repente cum curru exstitisse abreptamque ex eo loco virginem secum asportavisse et subito non longe a Syracusis penetravisse sub terras lacumque in eo loco repente exstitisse, ubi usque ad hoc tempus Syracusani festos dies anniversarios agunt celeberrimo virorum mulierumque conventu.

(2,4,106-107)

Der Raub der Persephone

Auf einen von zwei geflügelten Pferden gezogenen Wagen steigt Hades, der Gott der Unterwelt; er hält Persephone, die Tochter der Demeter, im Arm; tönernes Weihrelief aus Unteritalien. Der besonders in Sizilien gepflegte Kult der Göttin Demeter wurde nach Rom übertragen und dort mit dem einheimischer Götter identifiziert: Pluto raubt Libera, die Tochter der Ceres.

Methodischer Hinweis zur Erleichterung der Übersetzung

In diesem Text berichtet Cicero von einer Sage: Ereignisse werden nicht *direkt*, sondern *indirekt* als Meinung wiedergegeben. Um den Unterschied zu erkennen, gehe so vor:

- Bilde aus den Fakten Kurzsätze (S – P – O);
- bilde dann erneut die Infitivkonstruktion des Textes und mache dir klar, welches Satztglied in den Akkusativ bzw. Nominativ und welches in den Infinitiv tritt.
- Vereinfache die Satzperioden.

Satz 1:
insula Sicilia Cereri consecrata est
insulam Siciliam Ceteri consecratam esse opinio est.

.
Satz 2:
hoc ceterae gentes sic arbitrantur - Siculis persuasum est
hoc cum ceterae gentes sic arbitrantur, tum Siculis persuasum est
hoc animis eorum insitum est
hoc animis eorum insitum esse videtur
Siculis ita persuasum est, ut animis eorum insitum esse .

Satz 3:
deae in iis locis natae sunt – fruges in ea terra repertae sunt – Libera ex nemore rapta est
deas in iis locis natas esse - fruges in ea terra repertas esse - Liberam ex nemore raptam esse.

Satz 4:
Ceres taedas ignibus inflammavit
Cerres taedas ignibus inflammavisse dicitur.

Satz 5:
orbem terrarum peragravit
orbem terrarum peragravisse arbitrantur
orbem terrarum peragravisse.

Satz 6:
ea gesta sunt
ea gesta esse memorantur
ea, quae dico, gesta esse memorantur.

Satz 7:
locus raptum virginis declarat
locus raptum virginis declarare videtur
..., ut locus raptum virginis declarare videatur.

Satz 8:
Dis pater spelunca exstitit abreptaque virgo secum asportavit et sub terras penetravit lacusque exstitit
Ditem patrem spelunca exstitisse abreptamque virginem asportavisse et sub terras penetravisse lacumque exstitisse ferunt.

B Grammatische Erklärung

Allgemeine Vorbemerkung

Der I n f i n i t i v ist eine *Nominalform des Verbs*: Er ist nicht durch bestimmte, finite Formen für die Bezeichnung der handelnden Personen definiert. Im L jedoch kann er nicht dekliniert werden und unterscheidet sich darin vom D („das Handeln, des Handelns"). Dafür tritt ersatzweise eine deklinierbare Nominalform, das *Gerundium*, ein.

I Formenbildung

Im L gibt es *sechs* Infinitive:

Präsens	Aktiv:	**Präsensstamm + -re** bzw. **-ere**	tun
	Passiv:	**Präsensstamm + -ri** bzw. **-i**	getan werden
Perfekt	Aktiv:	**Perfektstamm + -isse**	getan haben
	Passiv:	**Partizip Perfekt Passiv** und **esse**	getan worden sein
Futur	Aktiv:	**Partizip Futur Aktiv** und **esse**	tun werden
	Passiv:	**Supinum** und **iri**	´getan werden werden`

Die beiden Infinitive des Futurs sind lateinische Sonderbildungen:

Futur	Aktiv:	**Partizip** auf	-**turum**, -**turam**, -**turum**
			-**surum**, -**suram**, -**surum esse:**
Futur	Passiv:	**Supinum** auf	-**tum** bzw. -**sum iri.**

➢ **Zusatz: Das Supinum**

Das S u p i n u m ist ein *Verbalsubstantiv* der u-Deklination; erhalten sind nur der **Dativ** auf **–u** und der **Akkusativ** auf **–um**, und zwar steht

- der Dativ nur bei *Adjektiven:*
  facile dictu — leicht zu sagen (eig.: leicht für das Sagen).
- der Akkusativ nur bei *Verben der Bewegung*, um den *Zweck* auszudrücken:
  gratulatum veniunt — sie kommen, um zu gratulieren, zum Gratulieren.

Diesen Sinn hat auch der Infinitiv Futur Passiv:
bei dem Verb der Bewegung iri (Inf. Pass.von ire gehen) steht das Supinum auf –um:

vocatum iri — gerufen werden werden, gerade gerufen werden (eig.: zum Rufen gegangen werden).

	a-Konjugat.	e-Konjugat.	i-Konjugat.	kons.Konj.	k.vok.Konj.
Präs. Akt.	voca-**re**	vide-**re**	audi-**re**	mitt-**ere**	cap-**ere**
Pass.	voca-**ri**	vide-**ri**	audi-**ri**	mitt-**i**	cap-**i**

	v-Perfekt	u-Perfekt	s-Perfekt	
Perf. Akt.	voca**v-isse**	habu-**isse**	mi**s-isse**	
	Ablautsperfekt	Dehnungsperf.	Redupl.perfekt	Stammperfekt
Perf. Akt.	cep-**isse**	ven-**isse**	cucurr-**isse**	defend-**isse**

	t-Stamm	s-Stamm
Perf. Pass.	voca-**tum, -tam,-tum esse**	mis-**sum, -sam, -sum esse**
Fut. Akt.	voca-**turum, -turam, -turum esse**	mis-**surum, -suram, -surum esse**
Pass.	voca-**tum iri**	mis-**sum iri**

Von den Stammformen der Verben lassen sich die sechs Infinitive bilden:

	a-Konjugation	e-Konjugation	i-Konjugation	kons.Konjugat.	k.vok.Konj.
Präs. Akt.	voc**are**	vid**ere**	aud**ire**	mitt**ere**	cap**ere**
Pass.	voc**ari**	vid**eri**	aud**iri**	mitt**i**	cap**i**
Perf. Akt.	voca**visse**	hab**uisse**	audi**visse**	mi**sisse**	**cepisse**
Pass.	voca**tum,** -am,-um **esse**	habi**tum,** -am,-um **esse**	audi**tum** -am,-um **esse**	mis**sum** -am,-um **esse**	cap**tum,** -am,-um **esse**
Fut. Akt.	voca**turum,** -am,-um **esse**	habi**turum,** -am,-um **esse**	audi**turum,** -am,-um **esse**	mis**surum,** -am,-um **esse**	cap**turum,** -am,-um **esse**
Pass.	voca**tum iri**	habi**tum iri**	audi**tum iri**	mis**sum iri**	cap**tum iri**

⇒ *Verwechselbare gleiche Formen:*

- Bei den *Komposita* der durch *Reduplikations*perfekt gebildeten Verben ist oft der Perfektgleich dem Präsensstamm wie bei den durch *Stamm*perfekt gebildeten Verben:
  oc-**curr**-ere = oc-**curr**-isse wie **defend**-ere = **defend**-isse.
- Bei den Verben der konsonantischen und der kurzvokalischen Konjugation ist die *Endung* im *Inf. Präs. Pass.* formal gleich der *1. Pers. Perf. Akt.*,

aber: der Infinitiv ist vom *Präsens-*, die Personalform vom *Perfekt*stamm gebildet:

mitt-**i** ~ mis-**i**.

Im *Satz* ist keine Verwechslung möglich: die *1. Person* ist stets *Subjekt* des Satzes:

Litteras misi. Ich habe den Brief abgeschickt.

aber: Litteras mitti putat. Er glaubt, daß die Briefe abgeschickt werden.

- Der *Infinitiv Präs.Akt.* lautet wie der *Abl.Sing. der Neutra auf* –us,-eris:
  ger-**ere** ~ gen-**ere**.

Auch hier ist im *Satz* kein Mißverständnis möglich, da der Infinitiv meist einen *Akkusativ*, das Substantiv aber ein *Attribut* zur Ergänzung bei sich hat.

bellum gerere Krieg führen
nobili genere natus aus vornehmem Geschlecht stammend.

II Verwendung und Übersetzung des Infinitivs

Allgemeine Vorbemerkung

Da der Infinitiv seiner Wortart nach ein von einem *Verb* abgeleitetes *Substantiv* ist, kann er in dieser Doppelnatur Subjekt oder Objekt eines Satzes sein wie ein Substantiv und Adverb, Objekt oder Umstandsbestimmungen bei sich haben wie ein Verb:

legere utile est	Lesen ist nützlich	) substantivische
~ libri utiles sunt	Die Bücher sind nützlich	) Natur
(Subjekt)		) des
legere possunt	sie können lesen	) Infinitivs
~ multum possunt	sie können viel	)
(Akk.obj.)		
saepe libros legere utile est	oft Bücher zu lesen ist nützlich	) verbale Natur
~ saepe libros lego	ich lese oft Bücher	) des
(Adverb; Akk.obj.)		) Infinitivs

Im *Satz* wird der Infinitiv nur zum Teil wie im D verwendet; in manchen Fällen ist eine den Sinn umschreibende Übertragung notwendig.

Besondere Verwendung im L

Im L steht der bloße Infinitiv – wie im D – nach Hilfsverben und hilfsverbähnlichen Verben; darüber hinaus auch in der Verbindung mit einem Akkusativ (a.c.i.) und einem Nominativ (n.c.i.), einer Konstruktion, die im D zwar bei einigen Verben möglich, aber im Ganzen viel seltener als im L ist.

I. Reiner Infinitiv:

1. Subjekt nach *unpersöhnlichen Ausdürcken* wie im D bei
   licet es darf, oportet man muß, necesse est es ist nötig:
   Id **fieri** non licet. — Das darf nicht **geschehen**.
   Facinus **investigare** oportet. — Man muß die Tat **aufklären**.

2. Objekt nach *Hilfsverben* wie im D:
   posse können, velle, nolle, malle wollen, nicht wollen, lieber wollen, debere müssen:
   Romam **rerverti** non potest. — Er kann nicht nach Rom **zurückkehren.**
   oder *hilfsverbähnlichen Ausdrücken*; im D steht dann der Infinitiv mit zu:
   audere wagen, conari versuchen, incipere anfangen, statuere, constituere beschließen:
   .Signa tollere ausus est. — Er wagte es, die Statuen zu entfernen.

II. Akkusativ mit Infinitiv (a.c.i.):

Mit dem Infinitiv ist häufig ein Akkusativ verbunden. Wenn dieser Akkusativ eigentlich das *Subjekt* der durch den Infinitiv ausgedrückten Handlung ist, spricht die Schulgrammatik von einem **a.c.i.** (**a**ccusativus **c**um **i**nfinitivo); der Akkusativ ist genauer ein *Subjekts*akkusativ.

Ein a.c.i. ist auch im D noch vorhanden bei Verben der Wahrnehmung:

Audio **Siculos clamare.** — Ich höre **die Sizilier schreien.**

In den meisten Fällen muß der a.c.i. im D in eine sinngemäße Version umgewandelt werden:

Puto **Siculos clamare.** → Ich glaube, **(daß) die Sizilier schreien.**

Akk. Inf. → Subj. Präd.

Es zeigt sich, daß der a.c.i. im Grunde genommen ein verkappter *Kurzsatz* ist, der von einem übergeordneten Verb abhängt.

Der a.c.i. steht im L

1. bei Verben der *sinnlichen Wahrnehmung* wie
   audire hören, videre sehen:
   - Audio **eos clamare.** — Ich höre **sie schreien**; - daß sie schreien.
   - Videsne **eos accurrere**? — Siehst du **sie** nicht **herbeilaufen**? Siehst du nicht, daß sie herbeilaufen?
2. bei Verben der *Mitteilung* wie
   dicere sagen, respondere antworten, putare, existimare, arbitrari glauben, scribere schreiben, tradere überliefern, memoria tenere in Erinnerung haben, sich erinnern:
   - Dico **eum praedonem esse.** — Ich behaupte, daß **er ein Räuber ist.**
   - Arbitraminine **eum absolvi**? — Glaubt ihr, daß **er freigesprochen wird**?

   Zu dieser Gruppe von Verben gehören nach lateinische Auffassung auch
   iubere verbieten, (tun) lassen, vetare verbieten, nicht (tun) lassen:
   - **Eos** Romam **venire** iussit / vetuit. — Er ließ **sie**/ließ sie nicht nach R. **kommen.** Er befahl / verbot ihnen, nach Rom zu kommen.
3. bei Verben der *Gefühlsbewegung* wie
   dolere schmerzen, gaudere sich freuen:
   - Doleo **eos clamare.** — Es schmerzt mich, daß **sie schreien.**

Innerhalb des a.c.i. können außer dem Akkusativ noch andere Satzglieder stehen, die vom Infinitiv abhängen:

Audio Verrem **signa** abstulisse. (Akk.objekt) — Ich höre, daß V. **die Statuen** weggenommen hat.

Audio Verrem **Mamertinis** favere. (Dat.objekt) — Ich höre, daß V. **den Mamertinern** gewogen ist.

Audio Verrem **domi** esse. (abl.loc.) — Ich höre, daß V. **zu Hause** ist.

- **Verwendung der Pronomina im a.c.i.:**
  se / eum, eam, id; eos, eas, ea

Der Akkusativ des *Personalpronomens der 3 .Pers. Sg. und Pl.* lautet se. Es drückt im L deutlich den Bezug zu der im Prädikat bezeichneten Person aus, denn es ist *reflexiv*; im andern Fall steht der Akkusativ von is, ea, id:

Nega**t se** templum spoliavisse. — **Er** leugnet, daß **er** den Tempel geplündert hat.

aber: Dicit **eum** templum spoliavisse. — Er sagt, daß **dieser** den Tempel geplündert hat.

Nega**nt se** templum spoliavisse. — **Sie** leugnen, daß **sie** den T. geplündert haben.

aber: Dicunt **eos** templum spoliavisse. — Sie sagen, daß **diese** den T. geplündert haben.

- **Das Zeitverhältnis von Prädikat- und Infinitiv-Handlung**

Die *Zeit* der durch den Infinitiv ausgedrückten Handlung ist eine *bezogene* Zeit:

Infinitiv Präsens	=	Gleichzeitigkeit	) in Bezug auf die im
Infinitiv Perfekt	=	Vorzeitigkeit	) Prädikat ausgedrückte
Infinitiv Futur	=	Nachzeitigkeit	) Handlung

	(se eum condemnare		(daß er ihn verurteilt.
Dicit	(se eum condemnavisse	Er sagt,	(daß er ihn verurteilt hat.
	(se eum condemnaturum esse		(daß er ihn verurteilen wird.
	(se eum condemnare		(daß er ihn verurteilte.
Dixit	(se eum condemnavisse	Er sagte.	(daß er ihn verurteilt hatte.
	(se eum condemnaturum esse		(daß er ihn verurteilen würde.

- **Übersetzung des a.c.i.**

1. *wörtlich* nur bei den Verben der sinnlichen Wahrnehmung:
   Er sieht ihn laufen.

sonst:

2. *daß-Satz* mit Indikativ oder Konjunktiv:
   Er sagt, daß er ihn verurteilt hat / habe.
3. *Hauptsatz* mit Konjunktiv oder Indikativ:
   Er sagt, er habe / er hat ihn verurteilt.
4. *Inverssion von Haupt- und Nebensatz:*
   Wie er sagt, hat er ihn verurteilt.

III. Nominativ mit Infinitiv (n.c.i.):

Im L können *Verben des Sagens und Denkens* ein *persönliches Passiv* bilden; das kann im D nur durch Umschreibung wiedergegeben werden:

dicor	man sagt von mir; wie man sagt; ich soll.
putor	man glaubt von mir; wie man glaubt; ich soll.

Zu dieser Gruppe von Verben gehört auch

videor	ich scheine.

Diese Verben haben auch im Passiv einen Infinitiv bei sich. Man spricht in diesem Fall vom **n.c.i.** (**n**ominativus **c**um **i**nfinitivo): Dem Subjektsakkusativ im a.c.i. entspricht hier das (im Nominativ stehende) Subjekt.

Einen n.c.i. gibt es im D nur bei „scheinen".

Verres profectus esse videbatur. **Verres** schien **aufgebrochen zu sein.**

Sonst muß eine der umschreibenden Versionen gewählt werden:

Verres signa **sustulisse** dicitur	**Verres** *soll* die Statuen **entfernt haben.**
oder:	**V. hat**, *wie man sagt*, die Statuen **entfernt.**
oder:	*Von V. sagt man*, **er habe** die Statuen **entfernt**.

- Der Nominativ (= Subjekt) kann im Prädikat enthalten sein:
  Signa sustulisse dicitur. Er soll die Statuen entfernt haben. (usw.)

C Aufgaben

I. Zum Text:

1. Erkläre die Infinitivkonstruktionen in T 1-12.
2. Versuche folgende Fragen mit Hilfe des Lexikons, der historischen Karte Siziliens und aus dem Text heraus zu beantworten:
a) Für welchen Bereich des Lebens war die Göttin Ceres zuständig?
b) Welche Bedeutung hatte ihr Kult für Sizilien?
c) Wo liegt Henna? Warum lag hier die Hauptkultstätte?

II. Zur Grammatik:

1. Bilde die sechs Infinitive folgender Verben:
inflammare – tenere – sentire – petere – rapere.

2. Bestimme den Infinitiv und übersetze ihn:
citari - negavisse - speratum esse - damnatum iri - tradituros esse - timuisse - moveri - peti - positum esse - geri - scripsisse - poposcisse - emptum iri - rapi - fuisse - factum esse;
sequi - locutum esse - reverti - revertisse - conari.

3. Unterscheide:
dici - dixi; duci - duxi; vinci - vici; agi - egi; solvi (2); citare - citari; tenere - teneri; imperaturum esse - imperatum esse - imperatum iri; victuros esse - victos esse - victum iri.

4. Übersetze und bestimme die Infinitivkonstruktion

1. Testes citari iubet.
2. Invenietis id facinus natum esse a crudelitate.
3. Iste eas iniurias fecisse arguitur.
4. Cur eorum spem exiguam reliquarum fortunarum vi extorquere conaris?
5. Haec accusatio esse videtur.
6. Verres Siculorum civitates vastasse, Siciliam provinciam depopulatus esse dicitur.
7. Siculi dicebant me pollicitum esse commodis eorum me non defuturum.
8. Ostendit id fieri nullo modo posse.
9. Homo eum accusare coepit.
10. Audivistis ex aede Minervae grande auri pondus ablatum esse.

Lektion 13

Nominalformen des Verbs:
Gerundium - Gerundivum

A Text

Die Aufgabe von Verteidiger und Ankläger

Nach römischer Rechtspraxis mußte in einem Vorverfahren der Ankläger ermittelt werden, wenn mehr als einer auftraten. Bei dem Erpressungsprozeß gegen Verres war es außer Cicero noch Quintus Caecilius. In diesem Vorverfahren hielt Cicero eine Bewerbungsrede, in der er sich mit dem Verteidiger des Verres, dem damals berühmten Redner Hortensius, auseinandersetzte:

Hortensio autem ego iam ante denuntio, si a me causam hanc vos agi volueritis, rationem illi defendendi totam esse mutandam, et ita mutandam, ut, meliore et honestiore condicione quam qua ipse vult uti, imitetur oratores amplissimos, qui nihil se arbitrabantur ad iudicia causasque amicorum praeter fidem et ingenium adferre oportere. Nihil erit quod me agente arbitretur iudicium sine magno multorum periculo posse corrumpi. Ego in hoc iudicio mihi Siculorum causam receptam et populi Romani causam susceptam esse arbitror, ut mihi non unus homo improbus opprimendus sit, id quod Siculi petiverunt, sed omnino omnis improbitas, id quod populus Romanus iam diu flagitat, exstinguenda atque delenda sit; in quo ego quid eniti aut quid efficere possim, malo in aliorum spe relinquere quam in oratione mea ponere.

(div. 25-26)

Abstimmung

Ein Bürger hat einen durch Schrägstriche markierten Übergang (pons) passiert und wirft ein Abstimmungstäfelchen (tabella) in eine Urne oder einen Korb (cista); ein zweiter Bürger empfängt sein Täfelchen von einem Wahlleiter (rogator), der hinter dem Übergangssteg sitzt. Münzbild aus republikanischer Zeit.

Methodischer Hinweis zur Vorbereitung der Übersetzung:

Vereinfache die Satzstrukturen, bevor du dich an die Übersetzung des authentischen Textes gibst:

- Greife zuerst die Hauptaussagen heraus (Subjekt – Prädikat – Objekt).
- Füge immer weitere ergänzende Aussagen hinzu (Adverbiale – Attribute, a.c.i., usw.)

Satz 1

Ego denuntio; Hortensio ego denuntio → ***Hs.***
denuntio rationem esse mutandam. denuntio illi rationem esse mutandam.
(Hortensius rationem defendendi mutat.
Hortensio ratio defendendi mutanda est. Illi ratio defendendi mutanda est.)
si vos volueritis → *Ns.*
si causam agi volueritis; si a me causam agi volueritis
(ita mutandam) ut imitetur → *Ns.*
ut oratores imitetur; ut meliore condicione imitetur; meliore condicione quam
(ea) qua ipse vult uti → *Ns.*
(oratores) qui arbitrabantur; → *Ns.*
qui se adferre oportere arbitrabantur; nihil adferre oportere; nihil praeter fidem; ad iudicia adferre; ad iudicia amicorum adferre.

Satz 2

Nihil erit → ***Hs.***
quod arbitretur → *Ns.*
quod arbitretur iudicium posse corrumpi; sine periculo posse corrumpi; sine periculo multorum posse corrumpi
me agente; quod me agente arbitretur....

Satz 3

Ego arbitror → ***Hs.***
causam receptam esse arbitror; Siculorum causam;
(causam) susceptam esse arbitror; populi Romani causam
ut homo opprimendus sit → *Ns.*
ut mihi homo opprimendus sit; non unus homo ... sed
non unus homo, sed omnis improbitas exstinguenda sit
(id) quod Siculi petiverunt → *Ns.*
(id) quod populus Romanus flagitat → *Ns.*

Satz 4

Ego malo relinquere → ***Hs.***
in spe relinquere; in aliorum spe relinquere;
malo relinquere quam ponere; in mea oratione ponere
quid efficere possim → Ns.
in quo efficere; in quo quid eniti aut efficere possim.

- Erst nachdem du die syntaktischen Schwierigkeiten auf diese Weise gelöst hast, nimm dir die gesamten Satzperioden des Textes vor. Ihre Länge dürfte dich nun nicht mehr abschrecken!

B Grammatische Erklärung

Allgemeine Vorbemerkung

Es gibt im L zwei Wortarten mit dem gleichen Infix **–nd-**, das Gerundium und das Gerundivum. Beide sind von Verben abgeleitet und wie Nomina deklinierbar. Von ihnen ist das *Gerundium* ein Verbal*substantiv*, das *Gerundivum* ein Verbal*adjektiv*. Dies ist formal daran zu erkennen, daß das Gerundium die Endungen eines Substantivs (der o-Deklination), das Gerundivum die eines Adjektivs (der o-/a-Deklination) hat. Diese Bildung wird durch die Einfügung eines Infixes zwischen den verbalen Präsensstamm und die nominale Endung ermöglicht.

I a Formenbildung: Gerundium

Unter dem G e r u n d i u m versteht die lateinische Grammatik die substantivische Ersatzform des *deklinierten Infinitivs*, der so stark als verbale Handlungsangabe aufgefaßt wurde, daß er nicht deklinierbar war und nur im Nominativ und Akkusativ verwendet wurde. Von den Formen des Gerundiums dagegen können wegen ihrer substantivischen Endungen die abhängigen Fälle gebildet werden. Der Akkusativ steht nur nach Präpositionen.

Das Gerundium wird formal wie ein Neutrum Singular der o-Deklination gebildet:
Präsensstamm + -nd- bzw. **-end- + Kasusendung Sg. n der o-Deklination:**

	a-Konjugation	e-Konjugation	i-Konjugation	kons.Konjug	kurzv.Konjug.
Nom.	(vovare)	(videre)	(audire)	(mittere)	(capere)
Akk.	(vocare)	(videre)	(audire)	(mittere)	(capere)
	ad vocand**um**	ad vidend**um**	ad audiend**um**	ad mittend**um**	ad capiend**um**
Dat.	vocand**o**	vidend**o**	audiend**o**	mittend**o**	capiend**o**
Abl.	vocand**o**	vidend**o**	audiend**o**	mittend**o**	capiend**o**
Gen.	vocand**i**	vidend**i**	audiend**i**	mittend**i**	capiend**i**

I b Formenbildung: Gerundivum

Das G e r u n d i v u m ist seiner Form nach mit dem Partizip vergleichbar.
Es wird wie ein PPP bzw. wie ein Adjektiv der o-/a-Deklination gebildet:

Präsenstamm + -nd- bzw. **-end- + -us, -a, -um** usw.

	a-Konjugation	e-Konjugation	i-Konjugation	kons. Konjug.	kurzv Konjug.
Sg.	vocand**us,a,um**	videndus,a,um	audiendus,a,um	mittendus,a,um	capiendus,a,um
Pl.	vocand**i,ae,ae**	videndi,ae,a	audiendi,ae,a	mittendi,ae,a	capiendi,ae,a

⇒ *Verwechselbare Endungen:*

vocand**um**: *Gerundium* Akk. oder *Gerundivum* Sg. Nom.n und Akk. m
vocand**o:** *Gerundium* Abl. oder *Gerundivum* Sg. Abl. und Dat. m und n
vocand**i:** *Gerundium* Gen. oder Gerundivum Sg. Gen. m und n. und Pl. Nom. m

⇒ *Eindeutige Endungen:*

vocand**ae**, vocand**am**, vocanda (Sg.f);) nur Gerundivum:
vocand**arum**; vocand**is**; vocandos, vocand**as** (Pl.))

⇒ *Unterscheide*:

voca**nd**us (Gerundium) # **vocans** – **vocatus** (Partizip P A und PP)

II Bedeutung, syntaktische Verwendung und Übersetzung der -nd-Formen

1 Gerundium

Das Gerundium wird seines nominalen Charakters wegen wie ein *Substantiv* verwendet:
a) bloßes Gerundium:
im Akk. nur nach Präpositionen:

paratus **ad legendum**	bereit **zum Lesen**

im Abl., auch nach Präpositionen:

discere **legendo**	lernen **durch Lesen**
diligentia **in legendo**	Aufmerksamkeit **beim Lesen**

im Dat.:

idoneus legendo	geeignet **zum Lesen**

im Gen.:

studium **legendi**	der Eifer **des Lesens**, der **Lese**eifer.

Als von einem *Verb* abgeleitetes Substantiv kann es die Ergänzungen eines Verbs haben:
b) mit verbalen Ergänzungen (Objekt, Adverb usw.):
mit Objekt im Abl. und Gen.:

libros legend**o** discere	durch Lesen von Büchern / Bücherlesen lernen
studium **libros** legendi	der Eifer, Bücher zu lesen / des Bücherlesens

mit Adverb:

diligenter legendo discere	durch **sorgfältiges** Lesen lernen

2 Gerundivum

Das Gerundivum kann als Verbal*adjektiv* wie ein Adjektiv verwendet werden:
a) Prädikatsnomen mit esse:
In dieser Verwendung hat es den Sinn eines Partizip Präsens *Passiv* – das es sonst nicht gibt – mit der Bedeutung der Notwendigkeit der im Verb ausgedrückten Handlung: „etwas ist zu tun", „muß getan werden":

liber legend**us est**	Das Buch **muß gelesen werden**.
oder:	*Man muß* das Buch lesen.
liber **non** legendus est	Das Buch **darf nicht** gelesen werden.
oder:	*Man darf* das Buch *nicht* lesen.

Wenn die Person, die die Handlung ausführen muß, ausgedrückt wird, geschieht dies durch den Dativ (dativus auctoris); im D drückt man dies im *Aktiv* aus:

liber **mihi** legendus est.	**Ich** muß das Buch lesen.

In der Verwendung als Prädikatsnomen kann das Gerundivum mit esse in den **a.c.i.** treten:

Dicit libr**um** legend**um esse**.	Er sagt, **daß** das Buch **gelesen werden muß**.
oder:	Er sagt, daß *man* das Buch *lesen muß*.

Bei der Angabe der handelnden Person durch ein **Personalpronomen** kann im L bei der 3. Person zwischen *reflexiver* und nicht reflexiver, *demonstrativer* Aussageweise unterschieden werden:

Dicit librum **sibi** legendum esse.	Er sagt, **er** müsse das Buch lesen;
librum **ei/iis** legendum esse.	**er, sie, es/sie** müsse/müßten das Buch lesen.

b) Attribut:

In dieser Verwendung ist nur noch der passive Charakter des Gerundivums zu erkennen und nicht mehr der der Notwendigkeit: „machbar".

In dieser Bedeutung steht es im *Gen., Dat.,* und *nach Präpositionen*:

studium libr**i** legend**i**	der Eifer, ein / das Buch zu lesen
libr**o** legend**o** idoneus	geeignet zum Lesen eines / des Buches
paratus **ad** libr**os** legend**os**	bereit, (die) Bücher zu lesen
diligentia **in** libr**is** legend**is**	Sorgfalt beim Bücherlesen

c) Prädikativum:

steht nur bei Verben wie curare lassen, dare geben, relinquere zurücklassen, mittere schicken; bei der Wiedergabe im D ist ein gerundiver Sinn nicht möglich:

Tibi **libros legendos** curo.		Ich *lasse* dich Bücher lesen.
	eig.:	Ich lasse dir die Bücher als zu lesende.
Tibi **libros legendos** do		Ich *gebe* dir die Bücher zu lesen
	eig.:	Ich gebe dir die Bücher als zu lesende.

⇒ *Formal unterschiedliche, bedeutungsmäßig ähnliche Verwundung von Gerundium und Gerundivum:*

Im *Gen.* werden *Gerundium mit Akkusativobjekt* und *Gerundivum als Attribut mit Nomen* verwendet , ohne daß ein Bedeutungsunterschied erkennbar ist:

	studium libr**os** legend**i**	der Eifer, Bücher zu lesen
und:	studium libr**orum** legend**orum.**	

⇒ *nur Gerundivum:*

Nach Präpositionen und *im Dativ* steht *nur das Gerundivum*, nie das Gerundium (mit Objekt):

diligentia **in** libr**is** legend**is**	Sorgfalt beim Bücherlesen
(nicht: diligentia in libros legendo!)	
idoneus epistul**is** scribend**is**	geeignet **zum** Briefschreiben.
(nicht: idoneus epistulas scribendo!)	

⇒ *Unterscheide das Gerundivum vom Partizip*:

liber leg**endus est:**	Das Buch ist zu lesen
liber lec**tus est:**	Das Buch ist gelesen worden
liber leg**endus:**	das zu lesende Buch
puer leg**ens:**	der lesende Junge.

C Aufgaben

I. Zum Text:

1. Suche aus Text 13 die -nd-Formen heraus und bestimme sie.

2. Informiere dich über die römische Prozeßordnung und die Abweichungen von ihr im Verfahren gegen Verres (s. *Anhang*).

II. Zur Grammatik:

1. Dekliniere das Gerundium und Gerundivum folgender Verben:
rogare – movere – petere – sentire – rapere.

2. Bestimme die -nd- Form und übersetze:
sacrarii spoliandi - ad spoliandum fanum - sacris polluendis - in signo demoliendo - in dicendo - clamando - laus conservanda - de pecuniis repetundis - res agendi - parendum est - auferenda sunt.

3. Bestimme die Verbform und übersetze:
res gerenda - res gesta; reus audiendus est - reus auditus est - reus auditur.
frumentum imperando - frumento imperato - frumentum imperante.

4. Übersetze und bestimme die -nd-Konstruktion:

1. Unus mihi accusandus est.
2. Nihil metuendum esse videbatur.
3. Iste omnia signa abstulit, alia rogando, alia poscendo, alia sumendo.
4. Ille iniurias ferendas (esse) arbitrabatur.
5. Me ad defendendos homines ab ineunte adulescentia dedi.
6. Sthenius in primis Siculorum in dicendo copiosus est.
7. Iis persequendi iuris sui, deplorandae calamitatis potestatem adimis.
8. Haec non potius accusatio quam defensio existimanda est.
9. Numquam a defendendis hominibus discessi.
10. Iste invenerat homines, qui dicendo tempus consumebant.
11. Signa in onerariam navem suam conicienda curavit.
12. Segestani praetoris imperio parendum esse decreverunt.

Lektion 14

Nominalformen des Verbs:
Partizip – part. coni. – abl. abs.

A Text

Großzügiges Verhalten eines römischen Feldherrn gegenüber Besiegten

Der römische Feldherr Publius Cornelius Scipio Africanus hatte die Karthager im 3. Punischen Krieg besiegt, daher sein Beiname Africanus. Die Kunstgegenstände, die die Karthager in einem früheren Krieg von den Siziliern erbeutet hatten, gab er ihren Besitzern zurück, u.a. die Statuen, die die Karthager 409 v.Chr. aus Himera nach Karthago gebracht hatten; die Stadt Himera hatten sie damals zerstört und die Bewohner siedelten sich in dem westlich gelegenen Thermae an.

Cognoscite, iudices, Africani humanitatem et aequitatem! Oppidum Himeram Carthaginienses quondam ceperant, quod fuerat in primis Siciliae clarum et ornatum. Scipio, qui hoc dignum populo Romano arbitraretur, bello confecto socios sua per nostram victoriam recuperare, Siculis omnibus Carthagine capta quae potuit restituenda curavit. Himera deleta quos cives belli calamitas reliquos fecerat, ii se Thermis conlocarant in isdem agri finibus neque longe ab oppido antiquo; hi se patrum fortunas et dignitatem recuperare arbitrabantur, cum illa maiorum ornamenta in eorum oppido conlocabantur. Erant signa ex aere complura; in his eximia pulchritudine ipsa Himera in muliebrem figuram habitumque formata ex oppidi nomine et fluminis.

(2,2,86f.)

Himera

Die personifizierte Stadtgöttin Himera gießt aus einer Schale eine Opferspende auf einen Altar; neben ihr dehnt sich ein Silen wohlig unter dem Wasserstrahl einer Therme, der aus einem Löwenkopf-Wasserspeier sprudelt. Oben steht in griechischen Buchstaben der Stadtname. Spätklassisches Münzbild des sizilischen Himera.

Vorbereitung der Übersetzung

- Löse lange Satzperioden in ihre Grundbestandteile auf, vereinfache sie und erweitere sie schrittweise:

Satz 3:
Scipio hoc dignum arbitrabatur. Scipio hoc dignum populo Romano arbitrabatur.
Scipio arbitrabatur socios sua recuperare. Scipio arbitrabatur bello confecto socios sua recuperare.
Scipio hoc dignum populo Romano arbitrabatur socios sua recuperare.
Scipio, qui hoc dignum populo Romano arbitrabatur, socios sua recuperare, ..
Scipio, qui hoc dignum populo Romano arbitraretur, ...
Scipio Siculis sua restituenda curavit. Scipio Siculis Carthagine capta sua restituenda curavit.
Scipio Siculis (ea) quae potuit, restituenda curavit.
Scipio, qui ...recuperare, Siculis quae potuit restituenda curavit.

Satz 4:
Cives belli calamitas reliquos fecerat.
Ii, quos belli calamitas reliquos fecerat, se Thermis collocaverant.
Ii, quos cives belli calamitas reliquos fecerat, se Thermis collocaverant.
Quos cives belli calamitas reliquos fecerat, ii se Thermis collocaverant.
Himera deleta quos belli calamitas reliquos fecerat, ii se Thermis collocaverant.

- Gewöhne dich an die kontrahierten Formen, die Cicero verwendet:
  conlocarant = conloca**ve**rant; conlocassent = coloca**vi**ssent; isdem = **i**isdem.

B Grammatische Erklärung

Allgemeine Vorbemerkung
Das Partizip ist seiner Wortart nach ein *Verbaladjektiv*:
Es hat einerseits die Bedeutung des ihm zugrundeliegenden Verbs und ist andererseits deklinierbar wie ein Adjektiv:
Nach **getaner** Arbeit ist gut ruhn:
getan 1. ← **tun** (verbale Grundform), 2. getan**er** ~ gut**er** (deklinierbares Adjektiv).
Das Partizip gleicht also in dieser Hinsicht dem lateinischen Gerundivum.

Im L gibt es *drei* Partizipien:

Präsens Aktiv:	vocans	rufend
Perfekt Passiv:	vocatus	gerufen (worden seiend)
Futur Aktiv:	vocaturus	rufen werdend.

- Die Funktion eines Partizip Präsens *Passiv* hat das attributiv verwendete Gerundivum:
  liber legendus — eig.: ein *gelesen werdender* Brief;
  die Funktion eines Perfekt *Aktiv* hat der Bedeutung nach das Deponens:
  locutus — *gesprochen habend.*
  Ein Partizip Futur *Passiv* ist weder formal noch bedeutungsmäßig gebildet worden.

I Formenbildung

Die Partizipien des Perfekt Passiv und des Futur Aktiv folgen der o-/a-Deklination:

Partizip Perfekt Passiv: **-tus, -a, -um** bzw. **–sus, -a, -um**

Partizip Futur Aktiv: **-turus, -a, -um** bzw. **–surus, -a, -um.**

Das Partizip Präsens Aktiv folgt der konsonantischen Deklination:
An den Stammlaut wird das Infix –nt- gefügt; im Nominativ hat das -s das -t- verdrängt wie bei den Substantiven auf Dental als Stammlaut (mo**n**s, **montis** Berg):

Partizip Präsens Aktiv: **-ns, -ntis**

Sg.		Pl.	
Nom.	voca**ns**	Nom.	**vocant-es vocant-ia**
Akk.	**vocant-em** voca**ns**	Akk.	**vocant-es vocant-ia**
Dat.	**vocant-i**	Dat.	**vocant-ibus**
Abl.	**vocant-e**	Abl.	**vocant-ibus**
Gen.	**vocant-is**	Gen.	**vocant-ium**

Ihrer Konjugationsklasse entsprechend werden die übrigen Klassen dekliniert:

videns – audiens – mittens – capiens.

⇒ *Unterscheide die Formen des Partizips und des Adjektivs der i-Deklination:*

Abl. Sg.:

Partizip: vocant**e** (~ veter**e**) # Adjektiv: fort**i**, audac**i**

Nom./Akk. Pl. der Neutra und im Gen.Pl. (← i-Deklination):

Partizip: vocant**i**a; vocant**i**um = Adjektiv: audac**i**a; audac**i**um).

II Verwendung und Übersetzung des Partizips

Als Verbal*adjektiv* kann das Partizip wie ein Adjektiv verwendet werden:

1. **Prädikatsnomen** bei der Bildung der *zusammengesetzten Zeiten*:
   PPP beim Perfekt, Plusquamperfekt und Futur II Passiv
   vocatus sum, eram, ero — ich bin,war gerufen worden,werde g. worden sein
   PFA beim *umschriebenen* Futur:
   vocaturus sum — ich werde / will rufen.
2. **Attribut**, wenn *der adjektivische Sinn* des Partizips als Attribut betont werden soll:
   PPA: civitas florens — eine blühende Stadt
   PPP: agri separati — getrennte Felder

In diesem Sinn kann das Partizip mit einem Nomen jeder Satzfunktion verbunden werden:

loca aperta pertinent ... (Subj.) — das offene Gelände erstreckt sich ...

passis manibus (abl. instr.) — mit ausgebreiteten Armen

Es kann auch wie ein Adjektiv substantiviert werden:

petentibus respondet ... — den Fordernden antwortet er ... .

Als *Verbal*adjektiv kann es einen Kurzsatz vertreten, wenn es auf ein Nomen im gleichen Kasus bezogen ist; dies nennt die Schulgrammatik participium coniunctum und ablativus absolutus.

1 **participium coniunctum** ("verbundenes" Partizip)

Unter einem participium coniunctum versteht die Schulgrammatik ein Partizip, das sich auf ein festes *Satzglied* bezieht, also ein Subjekt, Objekt, Genetivattribut oder auch einen ablativischen Ausdruck, und mit ihm formal „verbunden" ist, d.h. in Kasus, Genus und Numerus mit ihm übereinstimmt (KNG-Kongruenz):

> **Siculi** Verrem **accusantes** ad Ciceronem veniunt.
> = Subj.
> **Siculos** Verrem **accusantes** Cicero salutat.
> = Akk.obj.
> **Siculis** Verrem **accusantibus** Cicero pauca respondet.
> = Dat.obj.
> **Siculorum** Verrem **accusantium** verba Cicero audit.
> = Gen.attr.
> **Cum Siculis** Verrem **accusantibus** Cicero colloquitur.
> = Abl. instr.

In diesen Aussagen ist das Partizip nicht als adjektivisches Attribut zu verstehen, das einen *Zustand* ausdrückt, sondern als verbale Aussage: Es bringt den *Vorgang* zum Ausdruck, der in der verbalen Herkunft des Partizips liegt.
Das zeigt sich bei der Übersetzung ins D:

- wörtlich → attributiv: Die Verres **anklagenden** Sizilier kommen zu Cicero.
- Neben- oder Hauptsatz → das Partizip wird zum Prädikat:
  Die Sizilier, **die** Verres **anklagen**, kommen sie zu Cicero
  (Relativsatz)
  Während/indem/weil/obwohl die Sizilier Verres **anklagen,** kommen sie zu Cicero.
  (Konjunktionalsatz)
  Die Sizilier **klagen** Verres an **und** kommen **dann/deshalb/trotzdem** zu Cicero.
  (Hauptsatz)
- präpositionale Wendung → das Partizip wird substantiviert:
  Während/wegen/trotz ihrer **Anklage** kommen die Sizilier zu Cicero.

2 **ablativus absolutus** („losgelöster" Ablativ)

Unter einem „losgelösten" Ablativ versteht die Schulgrammatik ein Nomen mit Partizip, die beide *formal im Ablativ* stehen, aber nicht als feste Satzglieder, also nicht als instrumentaler, lokativer oder separativer Ablativ erklärbar sind; eigentlich wäre die Bezeichnung „losgelöstes" Partizip ~ „verbundenes" Partizip sinnvoller:

> **Siculis** Verrem **accusantibus** Cicero Romae erat.

Strenggenommen bildet die Aussage Siculis Verrem accusantibus einen Kurzsatz, der locker in den übergeordneten Satz Cicero Romae erat eingefügt ist. In diesem Kurzsatz ist das Partizip das Prädikat, das zugehörige Nomen das Subjekt. Es handelt sich also eigentlich um zwei getrennte Sätze:

> Siculi Verrem accusant. Cicero Romae erat.

In diesem Fall ist eine attributive Übersetzung nicht möglich:
Als Übersetzungsmöglichkeiten bieten sich nur an:

- Neben- und Hauptsatz:
  Während/weil/obwohl die Sizilier Verres anklagten, war Cicero in Rom.
  Die Sizilier klagten Verres an und **währenddessen/deshalb/trotzdem** war C.in Rom.
- präpositionale Wendung:
  Während/wegen/trotz der Anklage der Sizilier war Cicero in Rom.

⇒ Ein Ablativus absolutus liegt auch dann vor, wenn statt des Partizips ein *Substantiv* oder *Adjektiv* steht, das dann durch eine präpositionale Wendung wiedergegeben wird:

Cicerone **consule**	**unter dem Konsulat** Cicero
Cicerone **invito**	**gegen den Willen** Ciceros.

Die Zeit des Partizips

Das Partizip drückt nicht eine *absolute* Zeit*stufe* aus, sondern ein Zeit*verhältnis*, das auf die Zeit der Prädikathandlung bezogen ist:

Partizip Präsens → Gleichzeitigkeit (in Bezug auf die Prädikathandlung):

Defensore **audiente** Verres accusatum condemn**at**	**Während** der Verteidiger **zuhört**, **verurteilt** Verres den Angeklagten.
Defensore audiente Verres accusatum condemna**vit**	Während der Verteidiger **zuhörte**, **verurteilte** Verres den Angeklagten.

Partizip Perfekt → Vorzeitigkeit:

Accusatore **audito** Verres accusatum condemn**at**	**Nachdem** der Anklager **gehört worden ist**, **verurteilt** Verres den Angeklagten.
Accusatore audito Verres accusatum condemna**vit**	Nachdem der Ankläger **gehört worden war**, **verurteilte** Verres den Angeklagten.

Partizip Futur → Nachzeitigkeit:

Verres eum **condemnaturus** accusatorem aud**it**.	**Bevor** Verres ihn verurteilt (eig.: verurteilen wird), **hört** er den Ankläger.
Verres eum condemnaturus accusatorem audi**vit**.	Bevor Verres ihn **verurteilen wollte**, **hörte** er den Ankläger.

⇒ *Möglichkeiten der tatsächlichen Zeitaussage:*

- Partizip *Präsens = Imperfekt* oder *Perfekt*) Handlung des
- Partizip *Perfekt = Plusquamperfekt*) Prädikats
- Partizip *Futur =umschrieb. Futur d. Vergangenheit*) *Imperfekt oder Perfekt*

Vom Aspekt des Zeitbezugs her ist es sinnvoller, zu sprechen von

- Partizip der *Gleichzeitigkeit* (Präsens), *Vorzeitigkeit* (Imperfekt), *Nachzeitigkeit* (Futur).

C Aufgaben

I. Zum Text:

1. Bestimme die Partizipialkonstruktionen der Texte 1-14.

2. Mache dir die topographische Lage von Karthago, Himera und Thermae sowie die historischen Vorgänge klar, die sich dort abgespielt haben: die Punischen Kriege, die Kämpfe der Punier gegen die Griechen in Sizilien. Was wird davon im Text deutlich?

II. Zur Grammatik:

1. Dekliniere:

postulans – postulatus – postulaturus; habens – habitus – habiturus; sentiens – sensus – sensurus; ponens – positus – positurus cupiens – cupitus – cupiturus. praetor postulans – navis postulata – pater postulaturus.

2. Unterscheide im Abl. Sg. das Adjektiv vom Partizip:

homine impudenti – homine cupiente; hoste forti – hoste fugiente; praedone audaci – praedone rapiente.

3. Bestimme das Partizip und übersetze es:
postulatus - confirmans - vocaturus - legens - ductus - victurus - sentiens - fugiturus; locutus - ausus - arbitratus - veritus - reversus.

4. Merke dir die Endungen des Ablativs (im abl.abs.):
Präsens: servante - servantibus; Perfekt: servato,-a,-o – servatis; Futur: servaturo,-a,-o - servaturis.

5. Übersetze und bestimme die Partizipialkonstruktion:

1. Quaestura istius demonstrata reliqua attendite!
2. Omnibus audientibus dixisti te illum locum diligere.
3. Hoc onere suscepto et recepta causa Siciliensi amplexus animo sum amplius.
4. Urbem Syracusas signis pulcherrimis ornatam reliquit.
5. Sicilia prima omnium provincia appellata est. Pecuniam daturus non sum. Profectus est.
6. P. Africanus Carthagine deleta Siculorum urbes signis pulcherrimis exornavit.
7. Maturius ad Siciliae causam veniam relictis ceteris eius furtis atque flagitiis.
8. Hominem a praetore absolutum indicta causa condemnat.
9. Accipite aliud eius facinus multis locis commemoratum.
10. Tum ille clare omnibus audientibus se id non facturum esse pronuntiat.

Lektion 15

Konjunktiv im Nebensatz:
Konjunktionalsatz

A Text

Identität von Anklage und Verteidigung

Im Vorverfahren gegen Quintus Caecilius, den zweiten Bewerber um die Anklageführung im Prozeß gegen Verres, begründet Cicero, warum er zum ersten Mal von seiner Gewohnheit abgewichen ist, nur Verteidigungen zu übernehmen, und nun als Ankläger auftreten will:

Cum quaestor in Sicilia fuissem, iudices, itaque ex ea provincia decessissem, ut Siculis omnibus iucundam diuturnamque memoriam quaesturae nominisque mei relinquerem, factum est, ut cum summum in veteribus patronis multis, tum non nullum etiam in me praesidium suis fortunis constitutum esse arbitrarentur. Quare nunc populati atque vexati cuncti ad me saepe venerunt, ut suarum fortunarum omnium causam defensionemque susciperem. Me saepe esse pollicitum dicebant, si quod tempus accidisset, quo tempore aliquid a me requirerent, commodis eorum me non defuturum esse. Venisse tempus aiebant non iam ut commoda sua, sed ut vitam salutemque totius provinciae defenderem. Sese iam ne deos quidem in suis urbibus ad quos confugerent habere, quod eorum simulacra sanctissima C. Verres ex delubris religiosissimis sustulisset. Quas res luxuries in flagitiis, crudelitas in suppliciis, avaritia in rapinis, superbia in contumeliis efficere potuisset, eas omnis sese uno praetore per triennium pertulisse. Sese rogare et orare, ne illos supplices aspernarer, quos me incolumi nemini supplices esse oporteret.

(div. 2-3)

Redner

Römischer Redner in langem Gewand (toga); der erhobene linke Arm ist ergänzt; Bronzestatue republikanischer Zeit. Der Redner stand auf der Rednertribüne und sprach zu den vor ihm sitzenden Richtern und den auf dem Forum versammelten Zuhörern; er setzte außer Gesten und Mienenspiel nur seine eigene Stimme ein – ohne Mikrophon!

Hinweise zur Übersetzung

- Lange Satzperioden lassen sich leichter verstehen und sinngemäß übertragen, wenn man ihre *Struktur* erfaßt hat. Dazu muß man sich zunächst klar machen, daß es im L drei Formen der Unterordnung von Aussagen unter das Prädikat des Hauptsatzes gibt:

  1. Unterordnung durch Nebensatz:

Cum in Sicilia fuissem,	Als ich in Sizilien gewesen war,
iucundam memoriam reliqui.	habe ich eine angenehme Erinnerung zurückgelassen.

  2. Unterordnung durch a.c.i.:

Aiebant tempus venisse.	Sie sagten, die Zeit sei nun gekommen.

  3. Unterordnung durch Partizipialkonstruktion:

Populati atque vexati	Weil sie ausgeplündert u. gequält worden waren,
ad me venerunt.	kamen sie zu mir.

  Dementsprechend sollte man den Satz gliedern.
- Dann gilt es, die weiteren Untergliederungen zu erfassen, also Nebensätze erster, zweiter, dritter Ordnung zu unterscheiden Dazu sind *Unterstreichungen* oder *Schemata* sehr hilfreich.

Beispiel (Satz 1):

1. Gliederung

- *Unterstreichen* und Hervorheben im Druckbild (evtl. Farben):
  (**fett** = Hauptsatz, unterstrichen = Nebensatz 1. Ordnung, *kursiv* = 2. Ordnung)

  Cum quaestor in Sicilia fuissem, iudices, itaque ex ea provincia decessissem, ut Siculis omnibus iucundam diuturnamque memoriam quaesturae nominisque mei relinquerem, **factum est**, uti cum summum in veteribus patronis multis, tum non nullum etiam in me praesidium suis fortunis constitutum esse arbitrarentur.

- *Schema*:

  Cum quaestor in Sicilia fuissem, iudices,
  itaque ex ea provincia decessissem,
  ut Siculis omnibus iucundam diuturnamque memoriam quaesturae nominisque mei relinquerem,
  factum est,
  uti arbitrarentur.
  cum summum in veteribus patronis multis,
  tum non nullum etiam in me praesidium suis fortunis constitutum esse

2. Übersetzung

a) der Nebensätze: nur die wesentlichen Satzteile: Prädikat (evt. Subjekt) Konjunktion

cum .... fuissem:	
fuissem: Konj. Pl.perf.	
→ cum narrativum/causale als, weil:	als/weil ich gewesen war.
(ita), ut relinquerem:	
relinquerem: Konj.Imperf. → ut consecutivum daß:	(so) daß ich zurückließ.
(factum est) ut arbitrarentur:	
arbitrarentur: Konj.Imperf. → ut consecutivum daß:	(so) daß sie glaubten.
(arbitrarentur) praesidium constitutum esse:	
praesidium: Subj.akk. ~ Subj.: Schutz	
constitutum esse: Inf.Perf. ~ Präd.:	(sie glaubten) daß Schutz bestehe.

b) der ganzen Satzperiode

- erst in enger Anlehnung an den Satzbau des Textes:

  Als ich Quästor in Sizilien gewesen war, ihr Richter, und so aus dieser Provinz weggegangen war, daß ich allen Siziliern eine angenehme und dauernde Erinnerung an meine Quaestur und an meinen Namen hinterließ, geschah es, daß sie glaubten, daß zwar der größte Schutz in viele alte Schutzherren, aber nicht keiner für ihr Wohlergehen in mich gelegt sei.

- dann in freier Übertragung:

  Als ich Quästor in Sizilien war, ihr Richter, hinterließ ich nach meinem Weggang aus dieser Provinz ein freundliches und bleibendes Andenken an meine Quästur und an mich; so ergab es sich, daß sie zwar den größten Schutz in ihren zahlreichen Schutzherren, aber auch in mir einigen Besistand für ihr Wohlergehen zu haben meinten.

B Grammatische Erklärung

Allgemeine Vorbemerkung

- **Gemeineuropäischer Aspekt**

In der Verwendung des Konjunktivs in *Nebensätzen* unterscheiden sich die europäischen Sprachen wohl am stärksten voneinander. Hier zeigt sich am deutlichsten, daß es eine Frage der Weltsicht ist, ob der Verfasser einen Vorgang oder Zustand als tatsächlich, d.h. im Indikativ, oder im weitesten Sinne als nicht-tatsächlich, d.h. im Konjunktiv, darstellt.

Dabei hängt der Gebrauch des Konjunktivs nur teilweise vom Sprechenden selbst ab; in hohem Maße ist er durch den zeitgenössischen Sprachgebrauch und die in ihm geltenden Sprachgewohnheiten bedingt. Diese Sprachgewohnheiten, Regeln, sind deshalb im L andere als im D, in dem der Gebrauch des Konjunktivs immer stärker verdrängt wird.

- **Verwendung im D**

Da der Konjunktiv auch heute noch im D vorhanden ist, gilt es, ihn adäquat einzusetzen; das ist vor allem bei der Übersetzung von indirekten Reden, aber auch in Nebensätzen für das Sinnverständnis des Textes oft von ausschlaggebender Bedeutung.

Wenn wir uns also mit dem Gebrauch des Konjunktivs im L beschäftigen, müssen wir zugleich den Gebrauch des Konjunktivs im heutigen D beachten. Nur so können Mißverständnisse vermieden werden.

Dazu ist es notwendig, sich die Formen des Konjunktivs ins Gedächtnis zu rufen, die heute noch im D verwendet werden.

- **Verwendung im L**

Auch im L bestimmt der Modus den Sinn von Nebensätzen: Der Sprecher kennzeichnet eine Handlung durch den Indikativ als eigenständige Tatsache, durch den Konjunktiv als eine von dem im Hauptsatz wiedergegebenen Geschehen abhängige Vorstellung:

Siculi Heium miserunt, qui dicebat ...	Die Sikuler schickten Heius, der *sagte* ...
→ Faktum	
Siculi Heium miserunt, qui diceret ...	Die Sikuler schickten Heius, der *sagen sollte*
→ Absicht der Sikuler	

Da der Konjunktiv im D wie gesagt viel seltener als im L verwendet wird, beschränkt sich seine entsprechende Wiedergabe auf nur wenige Fälle. Der Sinn des Modus wird aber dann meist durch unterschiedliche Übersetzung der Konjunktion ausgedrückt:

Cum in Siciliam profectus **esset**,	*Als* er nach Sizilien reiste,
in itinere occisus est.	wurde er unterwegs getötet.
Cum **tacent**, clamant.	*Indem* sie schweigen, schreien sie.

Obwohl im Prinzip jede Konjunktion mit dem Konjunktiv oder mit dem Indikativ stehen kann, ist bei einigen der eine oder der andere Modus der häufigere. Danach richtet sich die folgende Erklärung der wichtigsten Konjunktionen; im übrigen liefert auch das Lexikon alle notwendigen Informationen.

I Sinn und Gebrauch der häufigsten Konjunktionen im L

cum

1. cum mit Konjunktiv
drückt aus, daß der Vorgang des Neben- von dem des Hauptsatzes in zeitlichem, begründendem, einschränkendem oder entgegensetzendem Sinn innerlich abhängt. Im D werden diese Aspekte nicht wiedergegeben; es steht der Indikativ.

- cum narrativum oder historicum (erzählendes cum): nachdem, als
  = zeitliche Abfolge:

Cum e provincia **decessissem**,	*Nachdem* ich aus der Provinz **weggangen war**,
iucundam memoriam reliqui.	ließ ich eine freundliche Erinnerung zurück.
Cum Romae **essem**,	*Als* ich in Rom **war**,
Siculi saepe ad me venerunt.	kamen die Sikuler oft zu mir.

- cum causale (begründendes cum): weil
  = begründende Abfolge:

Cum homo honestus **esset**,	*Weil* er ein angesehener Mann **war**,
nihil de vita sua timebat.	fürchtete er nicht um sein Leben.

- cum concessivum (einschränkendes cum): obwohl, obgleich
  = einschränkende Entgegensetzung:

Cum rei capitalis **accusatus esset**,	*Obwohl* er eines Kapitalverbrechens **angeklagt war**,
liberatus est.	wurde er freigesprochen.

- cum adversativum (entgegensetzendes cum): während dagegen
  = ausschließender Gegensatz:

Iste sibi tempus iucundum reddebat,	Der **vertrieb** sich die Zeit auf angenehme Weise,
cum illi luxuriam eius vix **tulerent**.	*während* dagegen jene seinen Luxus kaum **ertrugen**.

Von diesen Bedeutungsvarianten hängen die beiden ersten eng zusammen und sind oft kaum voneinander zu unterscheiden – was im L ja auch nicht geschieht:

Cum mihi litteras **dedisset**,	*Als / Weil* er mir einen Brief **geschrieben hatte**,
statim profectus sum.	brach ich sofort auf.

Ob sie oder eine der beiden letzten Varianten gemeint sind, wird aus dem logischen Verhältnis der im Haupt- und Nebensatz geschilderten Vorgänge deutlich:

Cum liberatus **esset**,	*Obwohl* er *freigesprochen* **worden war**,
iterum accusatus est.	wurde er erneut *angeklagt*.

2. cum mit dem Indikativ
steht nur dann, wenn betont wird, daß der Vorgang im Hauptsatz zeitlich nicht durch den im Nebensatz bedingt ist, sondern daß beide Vorgänge unabhängig voneinander existieren:

- cum temporale (zeitliches cum): damals, als

Expertus es perfidiam eius tum,	Du hast seine Unverschämtheit kennengelernt,
cum in provinciam **venit.**	*als* er in die Provinz **kam.**

- cum inversum (umgekehrtes cum): als
bezeichnet die Umkehrung des Verhältnisses von Haupt- und Nebenhandlung: der Nebensatz bringt das Hauptereignis, der Hauptsatz schildert die bloße zeitliche Situation, oft durch vix (kaum), iam (schon), nondum (noch nicht) angedeutet; auch im D wird der Neben- zum Hauptsatz:

Vix aestas appropinquabat,	*Kaum* war der Sommer nahe,
cum ex urbe ad litora **vehit**.	*da* **zog** er aus der Stadt ans Meer.

- cum coincidens (identisches cum): dadurch, daß / indem
drückt aus, daß die Handlungen zeitlich und sachlich zusammenfallen:

Cum **tacent**, clamant	*Dadurch daß / Indem* sie **schweigen**, schreien sie.

⇒ *Syntaktische Unterschiede in der Verwendung des Wortes* cum*:*

- cum mit Ablativ = Präpostion: mit
  Noli isto modo agere cum Verre. Auf diese Weise will ich nicht *mit Verres* verhandeln.
- cum ... tum = korrelative Konjunktion: sowohl ... als auch besonders / ... und vor allem
  homines cum summe officiosi tum maxime sedati sunt. Die Menschen sind *sowohl* äußerst zuvorkommend *als auch besonders / und vor allem* sehr ruhig.
- cum als Einleitung eines Nebensatzes: als, weil, obwohl, während dagegen
  als, immer wenn, indem.

ut

1. ut mit Konjunktiv
drückt die Absicht bzw. den Zweck oder die automatisch eintretende Folge aus. Im D wird beides im Indikativ wiedergegeben, die Absicht auch durch Infinitiv mit zu / um zu:

- ut finale (ut des Zwecks): daß, damit
steht nach Verben des Forderns und Bittens und Verben jeder Art, um die durch sie bezeichnete Absicht auszudrücken;
verneint wird ut finale durch ne: daß nicht, damit nicht; nicht zu, um nicht zu...

Rogat, ut amicos **invitet**.	Er bat ihn, Freunde ***einzuladen***.
Postulavit, ne iis bellum **inferrent**.	Er forderte von ihnen, diese *nicht* ***anzugreifen***.
Pontem fecerunt,	Sie bauten eine Brücke,
ut flumen transire **possent**.	*damit* sie den Fluß überqueren **konnten**.
Pontem interruperunt,	Sie brachen die Brücke ab,
ne flumen transire **possent**.	*damit* sie den Fluß *nicht* überqueren **konnten**.

→ Bei Verben des Fürchtens bedeutet ne daß, ne non bzw. ut daß nicht; im D steht auch hier der Konjunktiv:

Timebat, ne iste scyphos **auferret**.	Er fürchtete, *daß* der die Becher wegnehme.
veritus, ne non / ut venirent	aus Furcht davor, *daß* sie *nicht* **kämen**.

→ Bei Verben des Hinderns steht quominus (< ut eo minus): daß; verneint quin:

Eam impediebat, quominus **veniret**.	Er hinderte sie daran, **zu kommen**.
Eam non impediebat, quin veniret.	Er hinderte sie *nicht* daran, **zu kommen**.

- ut consecutivum (ut der Folge); daß, so daß
  gibt an, daß die Handlung des Nebensatzes sich aus der des Hauptsatzes ergibt; im Hauptsatz wird meist durch sic, ita, ea condicione unter dieser Bedingung o.ä. auf den Nebensatz hingewiesen;
  verneint wird ut consecutivum durch ut non: daß nicht, so daß nicht:

Domus eius signis sic ornata erat,	Sein Haus war mit Statuen so geschmückt,
ut urbi quoque **esset** ornamento.	*daß* es sogar für die Stadt ein Schmuck **war.**
Tempestates coortae sunt,	Es entstanden Unwetter,
ut non proficisci **possent**.	*so daß* sie nicht aufbrechen **konnten**.

→ Die Mehrdeutigkeit des ut kann in bejahenden Sätzen zu Zweifeln darüber führen, welche Variante im D zu wählen ist (die im L ja nicht ausgedrückt ist). Hier muß der Sinn des Kontextes entscheiden, ob eine subjektive *Absicht* oder die objektive *Folge* gemeint ist. Der Konjunktiv des lateinischen Satzes besagt lediglich die *Abhängigkeit*:

Statim profectus sum,	Ich brach sogleich auf,
ut celeriter ad Siculos venirem.	*um* schnell zu den Siziliern zu kommen
oder:	*so daß* ich schnell zu den Siziliern kam.

2. ut mit dem Indikativ
leitet meist Vergleichssätze ein; im Hauptsatz wird zuweilen durch hinweisendes sic, ita darauf hingewiesen:

- ut comparativum (vergleichendes ut): (so) wie

Est, ut **dico**.	Es ist (so), *wie* ich **sage**.
Signum Myronis erat, ut **opinor.**	Die Statue war von Myron, *wie* ich **glaube.**
Ita e silvis prolaverunt,	Sie brachen *so* aus den Wäldern hervor,
ut **constiterant.**	*wie* sie sich **aufgestellt hatten**.

- ut temporale (zeiliches ut): (sowie) sobald
  kann auch durch ut primum, ubi, ubi primum, simul, simulatque ausgedrückt werden:

Homo, ut haec **audivit**, accurrit.	*Sobald* der Mann das **hörte**, eilte er herbei.
Quod ubi audivit, ...	*Sobald* er dies hörte, ...

⇒ *Unterschied zwischen* ut *und a.c.i.:*

Imperat, ut filiam defendant.	Er befahl ihnen, seine Tochter zu verteidigen.
= Absicht	
Servum adduci imperavit.	Er ließ den Sklaven herbeiführen.
= Auftrag ~ indirekte Rede	

si

leitet Bedingungssätze ein: die Bedingung kann in Bezug auf die Realisierbarkeit eine wirkliche, eine mögliche oder eine nichtwirkliche Handlung ausdrücken. Im ersten Fall steht daher der Indikativ, in den beiden letzten der Konjunktiv.

1. si mit Indikativ (realis):

Si tibi non iniuria **facta est**,	*Wenn* dir keine Unrecht **geschehen ist**,
non eum accusare potes.	kannst du ihn nicht anklagen.

2. si mit Konjunktiv:
 a) Möglichkeit (potentialis)
 mit dem Konjunktiv:

Si id **intellegant / intellexerint**,	*Für den Fall, daß* sie das **merken**,/gemerkt hätten
dicant .... / dixerint ...	sagen sie *vielleicht* ./ würden sie *vielleicht* sagen

 b) Nichtwirklichkeit (coniunctivus irrealis)

Si Siculi id **dicerent**,	*Wenn* die Sizilier dies **sagen würden**,
omnes probare deberent.	müßten alle zustimmen.

→ Die Verneinung nisi wenn nicht; außer (wenn)
verneint den Inhalt des Konditionalsatzes oder schließt alles andere aus:

Memoria minuitur,	Das Gedächtnis läßt nach,
nisi exercetur.	**wenn** es **nicht** geübt wird.

→ Nach Verben wie exspectare warten, erwarten, conari, experiri versuchen hat si den Sinn eines indirekten Fragesatzes im D und steht mit dem Konjunktiv:

Exspectabant, **si** id **faceret**.	Sie warteten, **ob** er das tun würde.

quod

leitet Nebensätze ein, die eine Tatsache bezeichnen oder einen tatsächlichen Grund angeben, und steht mit dem Indikativ; der Konjunktiv drückt die subjektive Meinung aus (~ indirekte Rede) und verlangt auch im D den Konjunktiv:

1. quod mit dem Indikativ

- kausales quod: weil

Eum de vasis celavit,	Er versteckte seine Gefäße vor ihm,
quod istius cupidinem **novit**.	*weil* er seine Gier **kannte**.

- faktisches quod: daß

Illa res me consolatur,	Es tröstet mich,
quod haec etiam defensio **est**.	*daß* auch dies eine Verteidigung **ist**.

2. quod mit dem Konjunktiv:

	Siculi ad me venerunt,	Die Sizilier kamen zu mir,
	quod Verres simulacra sancta	*weil* Verres ihre heiligen Bilder
	sustulisset.	**entwendet habe.**
aber:	quod .... **sustulerat**	weil er .... **entwendet hatte.**

⇒ *Verwendung des Wortes* quod *als Konjunktion und als Relativpronomen:*

Gaudeo, quod venisti.	Ich freue mich (darüber*)*, ***daß*** du gekommen bist.
= Erläuterung des Hauptsatzes	
Id negas,	Du leugnest *das,*
quod Verres negare non audet.	*was* Verres nicht zu leugnen wagt.
= Erläuterung des Pronomens	

Die übrigen Konjunktionen

Da die Konjunktionen wie alle anderen Wortarten im Lexikon nachgeschlagen werden können, sei für die weniger häufigen auf diese Möglichkeit verwiesen.
Achte dabei auf *Modus* und *Zeit* des Nebensatzes und wähle dementsprechend die angegebene Bedeutung aus; z.B.:

Nolite exspectare, **dum** crimina **agam**.
agam = Konj. Präs.: dum *b. finalem Nebensinn m. Konj. Präs. u. Imperf.* **bis**
Wartet nicht solange, **bis** ich die Anklagepunkte durchspreche.

aber:

Dum haec **geruntur**, tempestas orta est.
geruntur = Ind. Präs.: dum: *in Temporalsätzen meist m. Ind.Präs.:* **während**
Während dies geschah, kam ein Sturm auf.

Nemo dubitabit, **quin** id **feceris**.
feceris = Konj. Perf.: *Kj. m. Konj.; nach verneinten Ausdrücken des Zweifelns*: **daß**
Niemand wird daran zweifeln, **daß** du das getan hast.

aber:

Non dubitabo Siculos **defendere**.
defendere = Inf.; s. dubito: *m. Inf.:* **Bedenken tragen, zaudern**
Ich **trage** keine **Bedenken**, die Sizilier zu verteidigen.

II Die Zeitenfolge in konjunktivischen Nebensätzen:

Im lateinischen Satzgefüge ist die Zeit des Nebensatzes auf die des Hauptsatzes *bezogen.* Die Abfolge der Zeiten steht in einem geregelten Verhältnis, das im Schema verdeutlicht werden kann:

Hauptsatz:	Nebensatz:		
Präsens / Futur I →	Präsens	= Gleichzeitigkeit	) der
→	Perfekt	= Vorzeitigkeit	) Handlung
→	Partizip Futur + sim	= Nachzeitigkeit	) im Nebensatz
Imperfekt / Perfekt →	Imperfekt	= Gleichzeitigkeit	) der
→	Plusquamperfekt	= Vorzeitigkeit	) Handlung
→	Partizip Futur + essem	= Nachzeitigkeit	) im Nebensatz

Te rogo, rogabo,	cur venias.	Ich frage, werde fragen, warum du kommst.
	cur veneris.	warum du gekommen bist.
	cur venturus sis.	warum du kommen wirst(willst).
Rogabam,rogavi,	cur venires.	Ich fragte, habe gefragt, warum du kommst (!).
	cur venisses.	warum du gekommen bist.
	cur venturus esses.	warum du kommen würdest (wolltest).

C Aufgaben

I. Zum Text:

1. Suche aus T1-15 die Nebensätze mit dem Konjunktiv heraus, die durch eine Konjunktion eingeleitet sind; begründe den Konjunktiv.
2. Aus welchen Gründen tritt Cicero gegen seine Gewohnheit als Ankläger auf?

II. Zur Grammatik:

Bestimme den Modus der Konjunktionen in den folgenden Nebensätzen und übersetze:

1. Cum quaestor in Sicilia fuissem, ita ex ea provincia decessi, ut Siculis iucundam memoriam quaesturae mei relinquerem.
2. Postridie cum fanum Apollinis viderent ii, qui Delum incolebant, graviter ferebant.
3. Cum ab inimicis suis rei capitalis accusatus esset, facile est liberatus.
4. Cum id esset perspicuum, de amicorum hospitumque suorum sententia Sthenius Thermis Romam profugit.
5. Praedones cum hostes communes omnium sint, tamen aliquos sibi amicos constituunt.
6. Expertus est eius perfidiam tum, cum in provinciam venit.
7. Cum id dico, leve est.
8. Siculi ad me publice saepe venerunt, ut suarum fortunarum defensionem susciperem.
9. Rogabant et orabant, ne illos supplices aspernarer.
10. Est enim tanta apud eos eius fani antiquitas, ut in eo loco ipsum Apollinem natum esse arbitrentur.
11. Negotium dat suis comitibus, ut videant et investigent, ecqua mulier digna sit, quamobrem ipse Lampsaci diutius commoraretur.
12. Philodamus servis suis imperat, ut se ipsum neglegant, filiam defendant; excurrat aliquis, qui hoc tantum domestici mali filio nuntiet.
13. Non dubito quin offensionem neglegentiae vitare atque effugere non possim.
14. Multa mihi necessario, iudices, praetermittenda sunt, ut possim aliquando de his rebus, quae meae fidei commissae sunt, dicere.
15. Nemo Messanam venit, quin signa viserit.
16. Timarchides administer istius ait, si saperet, videret, quid sibi esset faciendum.
17. Itaque hortari homines coepit, ut aliquid Sthenio periculi crearent criminisque fingerent.
18. Si quis id diceret, ignosci non oporteret.
19. Tantae eius libidines sunt, ut eas provinciae sustinere non possint.
20. Ut quisque nostrum Messanam venerat, statuam visebat.

Lektion 16

Konjunktiv im Nebensatz: Relativsatz

A Text

Ein Pakt mit dem Gegner

Zu den Aufgaben des Provinzverwalters gehörte außer der Gerichtsbarkeit der militärische Schutz. Das bedeutete um 75 v. Chr. im Falle Siziliens, die Seeräuber abzuwehren, die die Getreideversorgung Roms gefährdeten. Dieser Pflicht ist Verres jedoch nicht nachgekommen: Er paktierte mit den Piraten und gefährdete so die eigene Flotte: Deren Besatzung geriet einmal in so große Hungersnot, daß sie Palmenwurzeln essen mußten, während der Pirat Herakleon mit seinen Schiffen bis in den Hafen von Syrakus vordringen konnte:

Hic te praetore Heracleo pirata cum quattuor myoparonibus parvis ad arbitrium suum navigavit. Pro di immortales! piraticus myroparo, cum imperii populi Romani nomen ac fasces essent Syracusis, usque ad forum urbis accessit, quo Carthaginiensium classes, cum mari plurimum poterant, numquam aspirare poterant; qui locus eius modi est, ut antea Syracusani in portu nullam hostium navem viderint. Insulam totam praetervectus est, quae est urbs Syracusis suo nomine ac moenibus, quo in loco maiores nostri Syracusanum habitare vetuerunt, quod, qui illam partem urbis tenerent, in eorum potestatem portum futurum intellegebant. At quem ad modum est pervagatus! Radices palmarum, quas in nostris navibus invenerant, iactabant, ut omnes istius improbitatem et calamitatem Siciliae possent cognoscere. Siculi milites, aratorum liberi, quorum patres tantum labore suo frumenti exarabant, ut populo Romano totique Italiae suppeditare possent, eo cibo usi sunt, a quo maiores eorum ceteros quoque frugibus inventis removerunt! Te praetore Siculi milites palmarum stirpibus, piratae Siculo frumento alebantur!

(2,5,97-99; gekürzt)

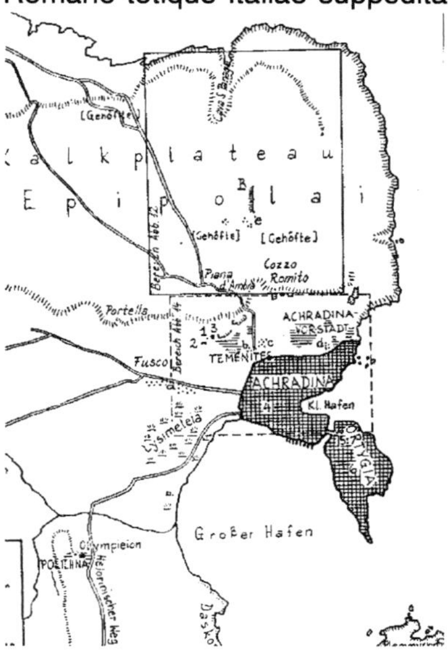

Die Häfen von Syrakus

„Syrakus hat Häfen, die zwar untereinander verschiedene Eingänge haben, sich aber in ihren Enden vereinigen und zusammenfließen; dadurch wird der Stadtteil Insula durch einen schmalen Meeresarm abgetrennt und wiederum durch eine Brücke mit dem Festland verbunden“ (Verr. 4,117). Häfen und Stadtteile von Syrakus nach modernem Lageplan.

Methodisches Vorgehen bei der Übersetzung langer Satzperioden

⇒ Übersetze nicht Wort für Wort nacheinander: du gerätst in ein Labyrinth, aus dem du nicht mehr herausfindest!

Es gibt zwei bessere Möglichkeiten:

1. Konstruktionsübersetzung: Übersetze erst den Haupt- und dann die Nebensätze:
a) Hebe zuerst im Haupt- und dann in den Nebensätzen die tragenden Satzglieder Subjekt und Prädikat und bei den Nebensätzen das Einleitungswort hervor und übersetze sie.
b) Übersetze alle weiteren Satzglieder des Haupt- und der Nebensätze. Oft ergibt sich die Übersetzung des Satzgefüges dann von selbst.
2. Lineare Übersetzung:
a) Hebe Haupt- und Nebensätze mit allen zugehörigen Satzgliedern in ihrer Abfolge hervor durch verschiedene Mittel (Farben, Linien o.ä.) hervor, die die Abhängigkeit der Sätze klären.
b) Übersetze das Satzgefüge sofort von Anfang an in seiner Abfolge.

Bespiel Satz 2:

1. Konstruktionsübersetzung:

Piraticus myroparo accessit -
Das Piratenschiff kam

Piraticus myroparo usque ad forum urbis accessit,
→ **Das Piratenschiff kam bis zum Forum der Stadt**,

cum nomen et fasces essent -
als der Name und die Ruten waren

cum imperii populi Romani nomen ac fasces essent Syracusis,
→ als der Name und die Ruten des römischen Volkes in Syrakus waren,

quo classes aspirare poterant -
wohin die Flotten gelangen konnten

quo Carthaginiensium classes numquam aspirare poterant;
→ wohin die Flotten der Karthager niemals gelangen konnten,

cum poterant –
als sie vermochten

cum mari plurimum poterant
→ *als sie auf dem Meer am meisten vermochten,*

qui locus est –
welcher Ort ist

qui locus eius modi est,
→ welcher Ort der Art ist,

ut Syracusani viderint –
daß die Syrakusaner sahen

ut antea Syracusani in portu nullam hostium navem viderint.
→ *daß die Syrakusaner vorher in ihrem Hafen kein Schiff der Feinde gesehen haben.*

2. Lineare Übersetzung:

Piraticus myroparo, cum imperii populi Romani nomen ac fasces essent Syracusis, **usque ad forum urbis accessit**, quo Carthaginiensium classes, cum mari plurimum poterant, numquam aspirare poterant; qui locus eius modi est, ut antea Syracusani in portu nullam hostium navem viderint.

Das Piratenschiff kam, als der Name und die Ruten der Macht des römischen Volkes in Syrakus waren, **bis zum Forum der Stadt**, wohin die Flotten der Karthager, *als sie auf dem Meer am meisten vermochten*, niemals zu gelangen suchten, welcher Ort von der Art ist, *daß zuvor die Syrakusaner in ihrem Hafen kein feindliches Schiff gesehen haben.*

B Grammatische Erklärung

I Der Modus im Relativsatz

Relativsätze stehen in der Regel im Indikativ, denn ihr Inhalt soll als Tatsache verstanden werden. Sie sind attributive Aussagen zum Subjekt, Objekt oder Adverbiale:

Consecutae sunt tempestates,	Es folgten Stürme,
quae naves in portu continebant.	die die Schiffe im Hafen festhielten.
→ tempestates, quae continebant:	
= *Subjekt*	
Misit milites,	Er schickte Soldaten,
qui signa conquiserunt.	die die Statuen zusammensuchten.
→ milites, qui conquiserunt:	
= *Objekt*	
Messana vacua est ab his rebus,	Messana ist entblößt von den Dingen,
quibus iste delectatur.	an denen der seine Freude hat.
→ ab his rebus, quibus delectatur:	
= *Adverbiale*	

Aber im L steht nicht selten auch der Konjunktiv, und zwar dann, wenn der Sprechende dem Relativsatz einen Sinn geben will, der den Konjunktiv verlangt. Man spricht dann von einem *konjunktivischen Nebensinn* des Relativsatzes. Er könnte auch durch die entsprechende Konjunktion wiedergegeben werden. *Dieser konjunktivische Nebensinn muß im D wiedergegeben werden:*

- **finaler Nebensinn**
  entspricht einem ut finale und wird im D durch „sollen" oder Infintiv mit „um zu" wiedergegeben:

Misit comites suos,	Er schickte seine Begleiter,
qui signa **conquirerent**.	die die Statuen suchen **sollten** /
~ ut conquirerent	**um** die Statuen **zu** holen.

- **konsekutiver Nebensinn**
  entspricht einem ut consecutivum; im D wird dies durch „daß", „so daß" ausgedrückt:

Consecutae sunt tempestates,	Es folgten (derartige) Stürme,
quae naves in portu **continerent.**	**daß** die Schiffe im Hafen blieben.
~ ut continerentur	
Nemo tam audax est,	Niemand ist so frech,
qui tam multis testibus convictus	**daß** er, von so vielen Zeugen überführt,
ora iudicum aspicere **auderet.**	vor die Richter zu treten wagt.
~ ut auderet.	

→ Weitere Formulierungen mit konsekutivem Nebensinn:

sunt, qui (dicant)	es gibt (solche) Leute, die (sagen)
nemo est, qui	es gibt niemand, der
nemo est, quin	es gibt niemand, der nicht.

- **kausaler Nebensinn**
  entspricht einem cum causale und wird meist mit „weil" übersetzt:

Homo, qui hospitalis **existimaretur**,	**Weil** der Mann als gastfreundlich galt,
eum domum suam recepit.	nahm er ihn in sein Haus auf.
~ cum existimaretur	

- **konzessiver Nebensinn**
entspricht einem cum concessivum und wird durch „obwohl", „obgleich" wiedergegeben; der Sinn ergibt sich aus dem Verhältnis der Neben- zur Haupthandlung:

Iste, qui tot scelera **commisisset**, adhuc non accusatus est.	**Obwohl** der soviele Verbrechen begangen hat, ist er bis jetzt nicht angeklagt worden.
~ cum commisisset	

II Einige Besonderheiten des Relativsatzes im L

Der lateinische Relativsatz weist einige syntaktische Eigenheiten auf, die es im D nicht gibt und die daher nicht wörtlich, sondern in einer *sinngemäßen* Formulierung wiedergegeben werden müssen.

1.Solche Besonderheiten betreffen zum einen das Relativpronomen und sein Beziehungswort:

- Das Beziehungswort wird manchmal in den Relativsatz hineingenommen:

Cui civitati maiores agros concesserant, **haec** apud Verrem ius suum non obtinuit.	**Die Gemeinde, der** unsere Vorfahren Äcker zugestanden hatten, erhielt bei V. nicht ihr Recht.
~ Civitas,cui concesserant, non obtinuit	(wörtl.:Welcher Gemeinde ... zugestanden hatten, diese erhielt nicht ihr Recht.)

- Das Beziehungswort fehlt, wenn es ein Demonstrativpronomen ist:

Qui nihil metuerunt, statim accurrerunt.	**Diejenigen, die** nichts fürchteten, liefen sofort herbei.
~ Ii, qui metuerunt, accurrerunt	(w.: Welche ... fürchteten, liefen herbei.)

- Das Relativpronomen wird in Kasus und Numerus an das Beziehungswort angeglichen, wenn, dieses eine Beifügung ist:

Roma, **quod caput** Italiae est	Rom, **das die** Hauptstadt Italiens ist
~ Roma, quae est caput	

2. Zum anderen betreffen die Besonderheiten den Bezug des Relativsatzes auf weitere Satzeinheiten:

- **Relativer Satzanschluß**
Ein *Hauptsatz* kann durch ein Relativpronomen an den vorhergehenden Satz angeschlossen werden; dieser Hauptsatz kann ein einfacher Satz oder der Nebensatz eines Satzgefüges sein. Formal ist das daran zu erkennen, daß kein Hauptsatz vorhanden ist:

Quod factum viri probant.	**Diese** Tat billigen die Männer.
~ Id factum probant	(w.: Welche Tat die M. billigen.)
Quod ubi (statt ubi id) comperti sunt, accurrerunt.	Sobald sie **das** erfuhren, liefen sie herbei. (w.: Sobald sie welches erfuhren

- **Relative Verschränkung**
Von einem Relativsatz kann ein anderer Nebensatz oder ein a.c.i. abhängen; das Relativpronomen kann sein
Satzteil des Nebensatzes:

Nihil a me audiet ex adulescentia sua, **quae qualis fuerit**, meministis.	Er wird von mir nichts von seiner Jugend hören, **von der ihr wißt, wie sie war**.
→ Subjekt des Fragesatzes)	(w.: welche wie sie war, ihr wißt.)

Satzteil des a.c.i.:

quas urbes ornandas esse putabat (= Akkus. des a.c.i.)	die Städte, von denen er glaubte, er müsse sie schmücken
oder:	die Städte, die er, wie er glaubte, schmücken mußte.

C Aufgaben

I. Zum Text:

1. Suche aus den T 1-16 die Relativsätze heraus und überprüfe,

a) ob sie im Indikativ oder Konjunktiv stehen

b) ob sie eine der oben geschilderten Besonderheiten aufweisen.

2. Informiere dich über

a) die historische Situation in Rom zwischen 80-70 v. Chr.: Bedrohung durch die Seeräuber; ihre Ursachen, Auswirkungen und Bekämpfung;

b) die Topographie von Syrakus (s. Kartenskizze).

II. Zur Grammatik:

1. Überlege, warum in den folgenden Relativsätzen der Konjunktiv steht und übersetze dementsprechend:

1. Quis est tam inhumanus, qui non misericordia aratorum moveretur?
2. Ipsa Messana, quae situ moenibus portuque ornata sit, ab his rebus quibus iste delectatur, vacua atque nudata est.
3. Praedones eos sibi instituunt amicos, quibus non modo parcant verum etiam quos praeda augeant.
4. Habent oppidum opportuno loco, quo piratis saepe adeundum sit.
5. Nemo est in Sicilia, quin tui sceleris et crudelitatis commonefiat.
6. Scelera eius digna sunt, quae reprehendantur.
7. Habonius, qui legem nosset, negat id munus oportere exigi.
8. Iste, qui hospitis relinquendi causam reperire non posset, alia sibi ratione viam munire ad stuprum coepit.
9. Eius esse filiam, quae cum patre habitaret.

2. Mache dir klar, um welche Besonderheit im lateinischen Relativsatz es sich handelt und übersetze in die im D übliche Version:

1. In quo homine tantum animi fuit, ut Verrem libere laederet.
2. Quae cum diceret, virgis verberabatur.
3. Qui locus eius modi est, ut ante Syracusani in moenibus suis hostem armatum numquam viderint, ad eum praedones venerunt.
4. Siculi tantum frumenti exarabant, quos populo Romano suppeditare posse novimus.
5. Lampsacum, quod oppidum in Hellesponto est, iste cum comitibus suis venit.

3. Unterscheide:

1. id, quod - ea, quae
2. id, quod - quod venit - si quod factum eligo
3. quo facilius - quo veniebat - quo loco habitare non possum
4. quam ob rem? - maior quam - calamitas, quam numquam fieri posse exspectaverant.

Lektion 17

Fragesatz

A Text

Schwerwiegende Folgen lüsterner Gier

Verres hat bereits als Quästor die Töchter reicher Leute begehrt, z.B. die Tochter des Philodemus aus Lampsakos am Hellespont. Als Verres das Mädchen verlangt, entsteht ein regelrechter Kampf, bei dem ein Anhänger des Verres getötet wird. Am nächsten Morgen versuchen die Lampsakener das Haus, in dem Verres untergebracht ist, anzuzünden. Im folgenden Prozeß wird Philodemus zum Tode verurteilt. Cicero klagt an:

Tantaene tuae, Verres, libidines erunt, ut eas capere ac sustinere non provinciae populi Romani, non nationes externae possint? Tune quod videris, quod audiveris, quod concupiveris, quod cogitaveris, nisi id ad nutum tuum praesto fuerit, nisi libidini tuae cupiditatique paruerit, immitentur homines, expugnabuntur domus, civitates non modo pacatae, verum etiam sociorum atque amicorum ad vim atque ad arma confugient, ut ab se a liberis suis legati populi Romani scelus ac libidinem propulsare possint? Nam quaero abs te circumsessusne sis Lampsaci, coeperitne domum in qua deversabaris illa multitudo incendere, voluerintne legatum populi Romani comburere vivum Lampsaceni? Bellumne populo Romano Lampsacena civitas facere conabatur? deficere ab imperio volebat? Quae fuit causa, cur cuncta civitas Lampsacenorum de contione domum tuam concurreret? Tu enim in testimonio causam nullam tanti tumultus ostendis. Obsessum te dicis, ignem adlatum, sarmenta circumdata, lictorem tuum occisum esse dicis: causam huius tanti terroris occultas. Cum autem quae causa illius tumultus fuerit testes a nobis producti dixerint, ipse celaverit, nonne causam hanc quam nos proposuimus cum illorum testimonia tum istius taciturnitas perpetua confirmat? Huic homini parcetis, iudices? (2,1,78-81; gekürzt)

Speisezimmer eines vornehmen Hauses

Das Wohnhaus (domus) eines begüterten Römers hatte einen Garten (hortus); Beispiel aus einem pompejanischen Haus neronischer Zeit. Das Speisezimmer war reich mit Mosaikböden und Wandmalereien ausgestattet. Durch seine Fenster sah man in den Garten. Man speiste auf einem Liegesofa von Tischen, die Sklaven zu jeder Mahlzeit hereintrugen.

B Grammatische Erklärung

Die Arten der Fragesätze

Bei den echten Fragen unterscheidet man zwischen Wortfragen und Satzfragen; daneben gibt es die unechten „rhetorischen" Fragen; sie sind eigentlich Behauptungen. Alle diese Fragen können in Form von direkten Fragen in Hauptsätzen und indirekten, von einem Hauptsatz abhängigen Fragen in Nebensätzen gebildet werden.

1. Direkte Fragen

- **Wortfragen** werden durch ein *Fragewort* eingeleitet. Der Fragende erkundigt sich nach einer bestimmten Einzelheit.

  Ubi fuisti? — **Wo** bist du gewesen? → Ort
  Quid dicitis? — **Was** sagt ihr? → Sache
  Cur tacent? — **Warum** schweigen sie? → Grund.

- **Satzfragen** sind Fragen, bei denen der Fragende eine bejahende oder verneinende Antwort erwartet. Solche Fragen werden im L durch verschiedene *Fragepartikel* ausgedrückt, die eine entsprechende Antwort provozieren:
  -ne ist bezüglich der Antwort neutral; es wird an das betonte Wort angehängt:

  Siculi tacent**ne**? — *Schweigen* die Sizilier?
  → Tacent. Non tacent. — → Ja. Nein.
  Roma**e**ne fuisti? — Bist du in *Rom* gewesen?
  → Fui. Non fui. — → Ja. Nein.
  Tantae**ne** libidines sunt? — Sind seine Gelüste *so groß?*
  → Sane. Minime. — → Ja. Nein.
  Bellum**ne** faciunt? — Fangen sie einen *Krieg* an?
  → Sane. Minime. — → Ja. Nein.

  nonne steht am Satzanfang, wenn eine bejahende Antwort erwartet wird:

  Nonne eum accusant? — Klagen sie ihn etwa **nicht** an?
  → Sane quidem. — → Doch.

  num steht am Satzanfang, wenn eine Verneinung erwartet wird:

  Num te accusant? — Klagen sie dich **etwa** an?
  → Minime vero. — → Nein.

- Zu den Satzfragen zählen auch die D o p p e l f r a g e n . In ihnen erkundigt sich der Fragende nach zwei Möglichkeiten. Auch sie werden im L durch *Fragepartikel* ausgedrückt:
  utrum, -ne oder gar keine Fragepartikel leitet das erste Glied der Doppelfrage,
  an das zweite Glied ein:

  Utrum tacent **an** clamant?)
  Tacent**ne an** clamant?) Schweigen oder schreien sie?
  Tacent **an** clamant?)

Rhetorische Fragen

sind verkappte Aussage- oder eher Ausrufungssätze (in lebhaften Reden): Da sie kein die Frage kennzeichnendes Wort enthalten, liegt die Frage nur im *Ton*, wie im D auch; meist liegt der Scheinfrage eine *verneinte* nachdrückliche Aussage zugrunde

Huic homini parcetis? — Diesen Mann schont ihr?
= Diesen Mann schont ihr doch wohl nicht!

2. Indirekte Fragen
sind Nebensätze, die eine Frage der obigen Art enthalten; sie stehen im L immer im *Konjunktiv*; man nennt sie *indirekte* Fragesätze, weil sie in den Bereich der *indirekten Rede* gehören, in der *alle Nebensätze* im *Konjunktiv* stehen.

⇒ *Unterscheide die Art des Satzes* (sie muß auch im L durch den Ton kenntlich gemacht worden sein, obwohl darüber nichts bekannt ist; Satzzeichen gab es nicht, sie sind eine neuzeitliche Erfindung):
1. Hoc probabisne? Hoc probabis? Hoc probabis! Hoc probabis.
2. An civis Romanis erat? Civis Romanus erat? Civis Romanus erat! Civis Romanus erat.

C Aufgaben

I. Zum Text:
1. Welche Arten von Fragen enthält der Text?
2. Was will der Redner mit dem Stilmittel der Frage in einer Anklage erreichen?

II. Zur Grammatik:
1. Definiere die Art der Fragen und übersetze sie:
- **1.** Quid primum aut accusem aut querar?
- **2.** Ubi fides?
- **3.** Qui tandem istius animus est in recordatione scelerum suorum?
- **4.** Quo tandem animo sedetis, iudices, aut haec quem ad modum auditis?
- **5.** Utrum ego despicio et doleo an vos quoque hic innocentium cruciatus pari sensu doloris adficit?
- **6.** Quo confugient socii? quem implorabunt?
- **7.** Ad senatumne socii venient?
- **8.** Nulline motus in Sicilia servorum Verre praetore, nullaene consensiones factae esse dicuntur?
- **9.** Num quis dubitare poterit, quin tam magnos quaestus feceris?
- **10.** Nonne coacti sunt?
- **11.** Nova tibi haec sunt?
- **12.** An hoc solum argumentum est nihil isto imprudente factum?
- **13.** De quo crimine quid ego disputem, cum id totum positum sit in testibus?
- **14.** Satisne magnum hoc crimen videtur?
- **15.** Quem defendet Hortensius?
- **16.** Quid? qui agros immunes liberosque arant, cur oderunt?

2. Unterscheide die Art des Pronomens:
- **1.** Quod supplicium dignum libidine eius invenias?
  Tibi nullum exemplum fuit, quod sequi velles?
  Quod erat demonstrandum.
- **2.** Quis isto praetore invito lege agere potuit?
  Metuit, ne quis hoc existimat.
- **3.** Quid cepit?
  Quid pecuniae cepit?
  Quaeritis, num quid ceperit.
- **4.** Quare ille adesse noluit?
  Quaeritis, quare id fecerit.
  Quare id fecit.

Lektion 18

Numeralia

A Text

Aufdeckung einer Unterschlagung

Cicero beweist durch Vorlage von Rechnungsbüchern und Zeugenaussagen, daß Verres eine beträchtliche Summe in seiner Buchführung unterschlagen hat:

Videamus rationes quem ad modum rettulerit! Primum brevitatem cognoscite:
ACCEPI VICIENS DUCENTA TRIGINTA QUINQUE MILIA QUADRINGENTOS DECEM ET SEPTEM NUMMOS. DEDI STIPENDIO FRUMENTO LEGATIS PRO QUAESTORE COHORTI PRAETORIAE HS MILLE SESCENTA TRIGINTA QUINQUE MILIA QUADRINGENTOS DECEM ET SEPTEM NUMMOS. RELIQUI ARIMINI HS SESCENTA MILIA.
Hoc est rationes referre? hoc modo aut ego aut tu, Hortensi, aut quisquam omnium rettulit? Quid hoc est? quae impudentia, quae audacia? quod exemplum ex tot hominum rationibus relatis huiusce modi est? Illa tamen HS sescenta milia, quae ne falso quidem potuit quibus data essent describere, quae se Arimini scribit reliquisse, quae ipsa HS sescenta milia reliqua facta sunt, in aerarium non relata sunt. Oppidum sibi elegit Ariminum, quod tum, cum iste rationes referebat, oppressum direptumque erat: non suspicabatur satis multos ex illa calamitate Ariminensium testes nobis in hanc rem reliquos esse. (2,1,36)

Schreibtafel

Moderne Nachbildung einer Schreibtafel mit dem obigen Text (Verr. 2,1,36)
Eine Schreibtafel (tabula) bestand meist aus zwei Holzbrettchen, die mit Wachs überzogen und durch einen Lederriemen verbunden waren. Mit einem bronzenen Griffel (stilus) ritzte man den Text in das Wachs, der mit dem flachen Ende des Griffels später ausradiert werden konnte.

B Grammatische Erklärung

Bei den Zahlwörtern (numeralia) unterscheidet man im L als eigene Wortbildungen die Grund-, Ordnungs-, Einteilungs- und Vervielfältigungszahlen.
Man braucht sich nicht das gesamte Zahlensystem einzuprägen; es genügt, wenn man sich auf die Grundwörter und diejenigen Morpheme beschränkt, von denen die übrigen Begriffe abgeleitet sind.

I Formenbildung

1. Die Grundzahlen (numeralia cardinalia)

Die Grundzahlen antworten auf die Frage "wieviele?".
Die elementaren *Zahlwörter* sind die für die arabischen Ziffern 1-10, 100 und 1000:
unus duo tres quattuor quinque sex septem octo novem decem - centum - mille.

Von diesen Elementarzahlwörtern werden die Zehner, Hunderter und Tausender gebildet: die Zehner und Hunderter durch Endung, die Tausender durch den Plural des Zahlwortes für tausend:

Zehner:	**-ginta (-ginti für 20):** die Endung ist **unveränderlich;**
Hunderter:	**-centi,-ae,-a oder -genti,-ae,-a:** die Endung folgt der **o-/a-Deklination;**
Tausender:	**milia: Plural von mille.**

Die Grundzahl, an die die Endung gehängt wird, erscheint in sprachlich angepaßter Form:

vi-ginti	**tri**-ginta	**quadra**-ginta	**quinqua**-ginta
du-centi	**tre**-centi	**quadrin**-genti	**quin**-genti
sexa-ginta	**septua**-ginta	**octo**-ginta	**nona**-ginta;
ses-centi	**septin**-genti	**octin**-genti	**non**-genti.

Die *Zählweise* erfolgt so, daß bis 20 die größere Zahl h i n t e r , nach 20 v o r der kleineren steht; 18 und 19, 28 und 29 usw. werden vom nächsten Zehner abgezogen:
un-, duo-, tre-, quattuor-, quin-, se-, septendecim; duo-, undeviginti viginti unus, duo, tres, quattuor, quinque, sex, septem; duo-, undetriginta usw.

Dekliniert werden nur: unus, duo, tres; ducenti usw.; milia (Sg.: mille):

Nom.	un**us**	un**a**	un**um**	duo	du**ae**	duo	tr**es**	tr**ia**	mil**ia**
Akk.	un**um**	un**am**	un**um**	duo(s)	du**as**	duo	tr**es**	tr**ia**	mil**ia**
Abl.	un**o**	un**a**	un**o**	du**obus**	du**abus**		tr**ibus**		mil**ibus**
Dat.		un**i**		du**obus**	du**abus**		tr**ibus**		mil**ibus**
Gen.		un**ius**		du**orum**	du**arum**		tr**ium**		mil**ium**

⇒ *Deklination der Zahlwörter:*

- unus, a, um folgt der Pronominaldeklination, daher im Dat. und Gen. Sg.:

uni, un**ius**.

- duo,-ae,-o hat auch im Pl. Abl. und Dat. **f.**
  -a-: du**a**bus.
- tres, tria und milia folgen der i-Deklination:
  tr**ia**, tr**ium**;
  mil**ia**, mil**ium**.
- mille ist ein Neutrum, daher Pl. Nom. und Akk. -a: mili**a**.
- Die deklinablen Zahlwörter erscheinen ebenfalls im N.Pl.:
  tria milia, **ducenta** milia.

⇒ *Angabe des Gegenstandes*:

Sg.	**mille** sestertii	1000 Sesterzen;
Pl.	tri**a** mili**a** sesterti**um**	3000 Sesterzen.

- Die Endung der Zehner bleibt immer gleich, die der Hunderter wird dekliniert:

trigint**a** aratores	30 Bauern
ducent**i** aratores	200 Bauern.

Die ***Zahlzeichen*** entsprechen dem Dezimalsystem:
Eigene Zeichen haben die Multiplikationen von 1 mit 10 sowie ihre Hälften; im übrigen wird hinzugezählt bis 4 und 9 und ihre Zehnermultiplikationen, die durch Subtraktion von der höheren Ziffer geschrieben werden:

I unus	**X** decem	**C** centum	**M** mille
II duo	XX viginti	CC ducenti	$\overline{II}$ duo milia (nicht: MM)
III tres	XXX triginta	CCC trecenti	$\overline{III}$ tria milia (nicht: MMM)
IV quattuor	XL quadraginta	CD quadringenti	
V quinque	**L** quinquaginta	**D** quingenti	
VI sex	LX sexaginta	DC sescenti	
VII septem	LXX septuaginta	DCC septingenti	
VIII octo	LXXXoctoginta	DCCC octingenti	
IX novem	XC nonaginta	CM nongenti	

2. Die Ordnungszahlen (numeralia ordinalia)

Die Ordnungszahlen antworten auf die Frage "der wievielte?".
Sie werden von den abgewandelten Formen der Grundzahlen durch Endung gebildet:

-us, -a, -um	**1 - 20**
-c(-g)esimus, -a, um	**20 - 100**
-c(-g)entesimus, a, -um	**100 – 1000.**

Eigene Bezeichnungen haben

primus, -a, -um: **der erste** (Superlativ zu prior eher)
secundus, -a, -um: **der zweite** (altes Partizip zu sequi folgen) der folgende;
sonst: **tertius, quartus, quintus, sextus, septimus, octavus, nonus, decimus.**

In der Zehnerreihe tritt ein Wechsel zwischen -**c**esimus und -**g**esimus ein:
vi-, tri**cesimus**, quadra-, quinqua-, sexa-, septua-, octo-, nona**gesimus.**
Auch die Hunderterreihe weist den Wechsel zwischen -**c**entesimus und -**g**entesimus auf:
du-, tri-, ses**centesimus**, quadrin-, quin-, septin-, octin-, non**gesimus.**

Im übrigen folgt die Zählweise denselben Gesetzen wie bei den Grundzahlen:
Die kleinere Zahl folgt der größeren bis auf
un-, duodecimus; **duode-**, **unde**vicesimus usw.
aber: **tertius, quartus, quintus, sextus, septimus** decimus.

3. Die Einteilungszahlen (numeralia distributiva)

Die Einteilungszahlen antworten auf die Frage "je wieviele?".
Sie werden ebenfalls von den abgewandelten Grundzahlwörtern durch Endung gebildet, die aber sinngemäß nur eine Pluralendung ist:

-(e)ni, ae, a -c(g)eni, ae, a je ...

Auch hier haben eine eigene Bezeichnung nur
singuli, ae, a und **bini, ae, a** je einer, je zwei
sonst: terni, quaterni, quini, seni, septeni, octoni, noveni, deni;
duodevi**c**eni, quadra**g**eni usw.

4. Die Vervielfältigungszahlen (numeralia multiplicativa)

Die Vervielfältigungszahlen antworten auf die Frage "wievielmal?"
Sie werden gebildet durch die indeklinable Endung
-ies ... mal.
Eine eigene Bezeichnung haben
semel, bis, ter, quater einmal, zweimal, dreimal, viermal.

II Verwendung der Zahlen

Die Zahlen werden verwendet bei der Berechnung von Maßen, Gewichten und Geldwerten sowie bei Zeitangaben.

1. Maße und Gewichte

Längenmaße:

1 pes	1 Fuß = ca. 30 cm
1 passus	1 (Doppel-)Schritt = 5 pedes = ca. 1,5 m
mille passus	1000 Schritt = ca. 1,5 km (1 „Meile“)

Flächenmaße

1 iugerum	1 Morgen = 2500 qm (1/4 ha)

Hohlmaße

1 modius (Gen.Pl. modium)	1 Scheffel = ca. 9 l
1 medimnum	1 attischer Scheffel = 6 modii = ca. 52 l

Gewichte

1 uncia	1 „Unze“ = ca. 28 g

Münzen

1 as (Gen. assis m)	1 As (Kupfermünze)
1 sestertius	1 Sesterz = 21/2 (seit 217 v.Chr. 4) asses
1 denarius	1 Denar = 10 (seit 217 v. Chr. 16) asses

Rechnungseinheit war der Sesterz. Er war nach seiner anfänglichen Währung benannt und geschrieben:

I I S, später HS (semistertius) 1 Sesterz („der dritte, d.h. As, halb“).

Entprechend lauteten die nächsthöheren Dezimaleinheiten

decem sestertii	10 Sesterzen
centum sestertii	100 Sesterzen

und, mit dem alten Gen. Pl.

duo milia sestertium	2000 Sesterzen.

sestertium wurde als Sg.n mißverstanden und zu ihm ein neuer Pl. zur Angabe der Tausender gebildet:

sestertia, orum, n	1000 Sesterzen
decem sestertia	10 000 Sesterzen.
(centena milia) sestertium	100 000 Sesterzen
decies sestertium	1 000 000 Sesterzen.

Ausgeprägt wurden in der Römischen Republik jedoch nur der As und der Denar.

2. Zeitangaben

Tagesstunden

prima hora	1. Stunde = etwa 6 Uhr (Tagesanbruch)
prima vigilia	1. Nachtwache = etwa 18 Uhr (Tagedsende) = 3 Stunden 4 Nachtwachen: etwa 18-21, 21-24, 24-3, 3-6 Uhr

Jahresangaben

Die Namen der beiden Konsuln des Jahres (im Ablativ) gaben das Jahr an:

L. Pisone A. Gabinio consulibus: im Konsulatsjahr des L. Piso und A. Gabinius

Diese Namen wurden auf Marmorplatten geschrieben und waren allgemein bekannt.

Die mit dem Christentum aufkommende Zählweise lautet:

a(nte) / **p**(ost) **C**(hristum) **n**(atum)	**v**(or) / **n**(ach) **Chr**(isti Geburt)
a(nno) **D**(omini)	im Jahre des Herrn

C Aufgaben

I. Zum Text:

1. Schreibe die Zahlen in Text 18 in arabische Ziffern um.
2. Welche Münzen wurden z. Zt. Ciceros in Rom geprägt? In welchem Wertverhältnis standen sie zueinander? In welchem Größenverhältnis standen sie zueinander? Was war der Sesterz?

II. Zur Grammatik:

1. Übersetze und schreibe in römischen Ziffern:
duodecim - duodeviginti - viginti duo - ducenti - duo milia
triginta - trecenti - quinquaginta - quingenti - nonaginta - nongenti
quadringenti quadraginta quattuor - octoginta novem - sescenti septuaginta tres
tria milia trecenta sexaginta octo - mille ducenta septuaginta tria.

2. Übersetze und schreibe in lateinischen Zahlwörtern:
IV, IX, XIX, XXXIV, XXXIX, XL, LXI, LXXXIX, XC, CCL, CX, CCCXXXIII, CD, DC, DCCVI, CM
MCCCXXXIII, MCMXCIV, milia XXIII.

3. Achte auf die Deklination des Zahlwortes:
uni viro – uni mulieri – uni fano; unius viri – unius mulieris – unius fani
duo oppida - duae urbes - tres naves - tres viri – tria templa
triginta naves - trecentae naves - numerus milium centum (et) decem.

4. Unterscheide:
1. Suebi centum pagos habent, e quibus centum milia militum educunt –
   Suebi centum pagos habent, e quibus singula milia militum educunt.
2. Itineribus angustis unus carrus ducitur -
   Itineribus angustis singuli carri ducuntur.

5. a) Übersetze und **b)** schreibe die Ziffern in lateinischen Zahlwörtern:

Recita tandem, quot acceperit aratores agri Leontini Verres: LXXXIIII. Quot anno tertio profiteatur: XXXII. Duo et quinquaginta aratores ita video deiectos ut iis ne vicarii quidem sucesserint. Quot aratores adveniente te fuerunt agri Mutycensis? Videamus ex litteris publicis. CLXXXVII. Quid? anno tertio? LXXXVI. Centum et unum aratores unus ager istius iniuria desiderat, atque adeo nostra res publica, quoniam illa populi Romani vectigalia sunt, hunc tot patrum familias numerum desiderat et reposcit. Ager Herbitensis primo anno habuit aratores CCLII, tertio CXX: hinc CXXXII patres familias extorres profugerunt. Agyrinensis ager – quorum hominum, quam honestorum, quam locupletium! – CCL aratores habuit primo anno praeturae tuae. Quid? tertio anno? LXXX, quem ad modum legatos Agyrinenses recitare ex publicis litteris audivistis.

Pro di immortales! si ex provincia tota CLXX aratores eiecisses, possesne severis iudicibus salvus esse? Unus ager Agyrinensis CLXX aratoribus inanior cum sit, vos coniecturam totius provinciae nonne facietis? Atque hoc peraeque in omni agro decumano reperietis.

(2,3,120f.)

Lektion 19

Pronomina
Pronominaladjektive

A Text

Erpressung von Tempelgeldern

In Sizilien konnte ein Testament bei Nichterfüllung der Bestimmungen durch eine Geldstrafe an den Tempel der Venus auf dem Berg Eryx abgesichert werden. In einem Fall hat Verres die Strafsumme erpreßt. Er behauptet, das Geld sei gar nicht in seine Hände gelangt. Cicero bestreitet dies und verweist auf die Handlanger des Verres. Nebenbei bekommen die Zuhörer ein anschauliches Bild von dem Gefolge eines höheren Beamten.

At enim ad Verrem pecunia ista non pervenit. Quae ista defensio est? utrum adseveratur in hoc an temptatur? mihi enim res nova est. Verres calumniatores adponebat, Verres eos adesse iubebat, Verres cognoscebat, Verres iudicabat; pecuniae maximae dabantur; qui dabant causas obtinebant. Tu mihi ita defendas, „Non est ita Verri numerata pecunia?" Adiuvo te; mei quoque testes idem dicunt; Volcatio dicunt sese dedisse. Quae vis erat in Volcatio tanta ut HS CCCC milia duobus hominibus auferret? Ecquis Volcatio, si sua sponte venisset, unum libellum dedisset? Veniat nunc, experiatur: tecto recipiet nemo. At ego amplius dico: HS quadringentiens cepisse te arguo contra leges; nego tibi ipsi ullum nummum esse numeratum; sed cum ob tua decreta, ob edicta, ob imperia, ob iudicia pecuniae dabantur, non erat quaerendum cuius manu numerarentur, sed cuius iniuria cogerentur.
Comites illi tui delecti manus erant tuae; praefecti, scribae, accensi, medici, haruspices, praecones manus erant tuae; ut quisque te maxime cognatione adfinitate necessitudine aliqua attingebat, ita maxime manus tua putabatur; cohors tota illa tua manus sine controversia fuit. Quicquid ab horum quopiam captum est, id non modo tibi datum, sed tua manu numeratum iudicari necesse est. Nam si hanc defensionem probabitis, „Non accepit ipse," licet omnia de pecuniis repetundis iudicia tollatis. Nemo umquam reus tam nocens adducetur qui ista defensione non possit uti. (2,2,26-27)

Silbermünzen der römischen Republik

Denar = 10 As, Wertzeichen X – Quinar = 5 As, Wertzeichen V – Sesterz = 2 ½ As, Wertzeichen IIS (semis tertium: „das dritte halb"). Auf den Vorderseiten erscheinen jeweils der Kopf der Roma, auf den Rückseiten die reitenden Dioskuren.

B Grammatische Erklärung

I Formenbildung

1. Besonderheit der Pronominaldeklination

Die Deklination der Demonstrativ-, Relativ-, Interrogativ- und Indefinitpronomina hat eine formale Eigentümlichkeit:

Sg. Gen.: -ius) gemeinsam für
Dat.: -i) m f n

huius viri, huius mulieris, huius templi — dieses Mannes, dieser Frau, dieses Tempels;
illi viro, illi mulieri, illi templo — jenem Mann, jener Frau, jenem Tempel;

Im übrigen folgen sie bis auf geringe Abweichungen der o-/a-Deklination.

Dieser *Pronominaldeklination* folgen auch einige Adjektive, die sog. *Pronominaladjektive:*

unus, -a, -um	ein	uter, utra, utrum?	wer) von
ullus, -a, -um	irgendein	uterque, utraque, utrumque	jeder) beiden
nullus, -a, -um	kein	neuter, neutra, neutrum	keiner)
alius, -a, -du	ein anderer	alter, altera, alterum	der eine/andere)
solus, -a, -um	allein, der einzige		
totus, -a, -um	ganz.		

⇒ Merkvers:

unus, solus, totus, ullus,
uter, alter, neuter, nullus,
alius erhalten alle
-ius in dem zweiten Falle,
doch im Dativ schreibt man sie
stets mit einem langen –i.

2. Besonderheiten in der Deklination einiger Pronomina

Personalpronomen:

- Der Gen. Sg. ist der Form nach der Gen. Sg. des *Possessiv*pronomens:
  mei, tui, sui — meiner, deiner, seiner/ihrer (Person).
- Im Gen. Pl. wird das Genetivobjekt vom Teilungsgenetiv unterschieden:
  nostr**i**, vestr**i** memor — unserer eurer eingedenk
  nemo nostr**um**, vestr**um** — niemand von uns, von euch.
- Das Pronomen der 3. Pers. ist *reflexiv*, und zwar entweder direkt reflexiv, d.h. auf die handelnde Person (Subjekt) bezogen; dann wird es im D durch „sich" wiedergegen:
  Cives **se** servaverunt. — Die Bürger retteten **sich**;
  oder es ist indirekt reflexiv, d.h. in abhängigen Konstruktionen auf die Person des übergeordneten Subjekts bezogen; im D wird dies durch den hier üblichen Kasus des Personalpronomens wiedergegeben:

Verres **se** signa emisse dicit.	Verres behauptet, **er** habe die Statuen gekauft.
Argentum ad **se** afferendum curat.	Er sorgt dafür, daß das Silber zu **ihm** gebracht wird.
Se praesente civem Romanum interfectum esse dixit.	Er sagte, in **seiner** Anwesenheit (eig.: während **er** anwesend war) sei ein römischer Bürger getötet worden.
Pollicetur id **sibi** curae fore.	Er verspricht, **er** werde sich darum kümmern.

Das reflexive Personalpronomen lautet für alle drei Genera und beide Numeri gleich:

se, sibi, sui, a, se — ihn / ihr / es / sie; ihm / ihr / ihm / ihnen usw.

Einen Nominativ hat das reflexive Personalpronomen der 3. Pers. nicht gebildet, da in diesem Fall die Endung des Prädikats den Bezug zum Subjekt hinreichend ausdrückt:

Ven**it**. Veni**unt**. — **Er** kommt. **Sie** kommen.

⇒ Im nicht-reflexiven Fall werden im L die Demonstrativpronomina verwendet:

Eum videt. — Er sieht ihn.

- Die Präposition cum wird an das Personalpronomen angehängt:

  mecum, tecum, secum, — mit mir, mit dir, mit ihm / ihr / ihm,
  nobiscum, vobiscum, secum — mit uns, mit euch, mit ihnen.

Possessivpronomen:

- Für das Possessivpronomen der 3. Pers. gilt das gleiche wie für das Personalpronomen: es ist reflexiv und hat für die drei Genera und die beiden Numeri die gleiche Form:

  suus, sua, suum usw. — sein / ihr / sein / ihr:
  Siculis operam **suam** pollicetur. — Er verspricht den Siziliern **seine** Hilfe.

⇒ Im nicht-reflexiven Fall wird der Gen. von is, ea id verwendet:

operam eius / eorum pollicetur — er verspricht *dessen / deren* Hilfe.

Indefinitpronomen:

- Der Sinn des Unbestimmten wird meist jeweils durch Prä- oder Suffix vor oder nach quis oder qui deutlich:

qui-**cumque**	wer auch immer; jeder, der; alle, die
ali-quis	**irgend**-wer, **irgend**-jemand
quis-**piam**	) ein
quis-**quam**	) gewis-
qui-**dam**	) ser
unus-quis-**que**	jeder einzelne
qui-**libet**	jeder beliebige
quis-**que**	jeder

⇒ *Gleichlautende Formen bei unterschiedlicher Bedeutung*:

quis, quid	1. wer? was?	= substantivisches Fragepronomen
	2. irgendwer, irgendwas	= substantivisches Indefinitpronomen
qui, quae, quod	1. welcher? welche? welches?	= attributives Fragepronomen
	2. welcher, welche, welches	= Relativpronomen
qui, **qua**, quod	3. irgendeiner, -eine, -ein	= attributives Indefinitpronomen.

⇒ Die Deklination de substantivischen Wörter nemo „niemand“ und nihil „nichts“ ist mit der des attributiven nullus „kein“ kombiniert worden:

Nom.	nemo	nihil
Akk.	neminem	nihil
Dat.	nemini	nulli rei
Abl.	nullo	nulla re
Gen.	nullius	nullius rei

II Bedeutung und Verwendung der Pronomina

Personal- und Possessivpronomen
Der Nom. der 1. und 2. Pers. des Personal- und das Possessivpronomen der 1. und 2. Pers. wird nur mit dem Sinn *besonderer Betonung* verwendet:

Ego toto corpore perhorresco,	**Ich** zittere am ganzen Körper,
tu nihil metuis.	**du** (aber) fürchtest nichts.
Quantum interest inter	Wie großer Unterschied besteht zwischen
meam tuamque accusationem!	**meiner** und **deiner** Anklage!

Da die Pronomina der 3. Pers. *reflexiven* Sinn haben, wird der Nom. bei *besonderer Betonung* und das Possessivpronomen im *nicht-reflexiven* Sinn durch die entsprechenden Formen des Demonstrativpronomens is, ea, id ersetzt:

Id non demonstro verbis.	**Das** erkläre ich nicht mit Worten.
Signa **eius / eorum** asportari iussit	Er ließ **dessen / deren** Statuen holen.

In den übrigen Fällen hat is, ea, id den Sinn des Personalpronomens im D:

Eum statuas magno opere delectant.	**Ihn** erfreuen die Statuen sehr.

Demonstrativpronomen

is, ea, id ist das am häufigsten verwendete und vieldeutigste von den hinweisenden Fürwörtern. Die Bedeutung und damit die Übersetzung ins D hängt von der syntaktischen Verwendung ab:

- In den abhängigen Fällen (Gen., Dat., Akk., Abl.) vertritt es das Personalpronomen der 3.Pers., das im L nur in *reflexiver* Bedeutung gebildet worden ist:

Sg.	eius	seiner, ihrer, seines
	ei	ihm, ihr, ihm
	eum, eam, id	ihn, sie, es
	eo, ea, eo	durch ihn, durch sie, durch es
Pl.	eorum, earum, eorum	ihrer
	eis (iis)	ihnen
	eos, eas, ea	sie
	eis (iis)	durch sie.

Eum condemnari necesse est. — Man muß **ihn** verurteilen.

- Im Nominativ hat es ausgesprochen hinweisenden Charakter (der unbetonte Sinn „er, sie, es“ wird durch die Endung des Prädikats ausgedrückt):

is, ea, id	dieser, diese, dieses; der, die, das
ii, eae, ea	diese, die.
Is eum condemnat.	**Dieser** (der) verurteilt ihn.

- Wenn das Pronomen das Bezugswort eines Relativsatzes ist, übersetzt man es meist mit einem betonten „der, die, das“ oder auch (altmodischer) „derjenige, diejenige, dasjenige“:

Id, quod facio, probabit. — Er, wird **das,** was ich tue, billigen.

hic, haec, hoc bezeichnet das, was dem Sprechenden am nächsten liegt; das Suffix **–c**, das in manchen Kasus erhalten ist, unterstreicht den hinweisenden Sinn, was noch in dem Ausdruck ec-**ce** „sieh **hier**“ erkenntlich ist:

hic, haec, hoc	dieser, diese, dies.
His testibus oppressus est.	Durch **diese** Zeugen (hier) wurde er bedrängt.

ille, illa, illud bezeichnet das, was von dem Sprechenden entfernt liegt:

ille, illa, illud	jener, jene, jenes.
Iubet **illos** discedere.	Er befahl **jenen** zu verschwinden.

Indefinitpronomen

Das am häufigsten verwendete Pronomen zur Bezeichnung einer unbestimmten Menge oder Anzahl ist

aliquis, aliquid	(irgend-)jemand, (irgend-)etwas
aliqui, aliqua, aliquod	(irgend-)einer, (irgend-)eine, (irgend-)ein
aliquis nuntiavit	jemand meldete.

- In Nebensätzen nach Konjunktionen wie si, nisi, sive, ne, cum und nach einem Relativpronomen fällt das Präfix ali- weg:

Si quis id dixisset, commoveri te oportuit.	**Wenn jemand** das gesagt hätte, hättest du unruhig werden müssen.
Id fecit, **ne quam** calamitatem acciperent.	Das tat er, **damit** sie **nicht irgendeinen / damit** sie **keinen** Schaden erlitten.

⇒ Merkvers: si, nisi, ne, num, cum
stoßen ali um.

- In verneinten Sätzen und Sätzen mit verneinendem Sinn steht

quisquam, quidquam	(irgend-)jemand, (irgend-)etwas
ullus, a, um	(irgend-)einer, (irgend-) eine, (irgend-)ein
Nolo quemquam existimare	Ich **will nicht**, daß **jemand** meint
Nego id **ullo modo** fieri posse	Ich leugne, daß dies **irgendeine Weise** geschehen kann Ich behaupte, daß dies **auf keine Weise** geschehen kann.

quisque (bzw. **unusquisque**) „ein jeder“ (von mehreren) bezeichnet den einzelnen, während omnis „jeder“ (kollektiv) im Sinne von „insgesamt, alle“ bedeutet:

Verres **unumquidque** contemplatur	Verres betrachtete **jedes einzelne Stück**;
Omnis virtus laudanda est.	**Eine jede** Tüchtigkeit ist lobenswert.

⇒ Die Anwendung von quisque ist auf bestimmte Fälle beschränkt; es steht

- nach einem Reflexivpronomen:

Sibi quisque maxime consulit.	Jeder sorgt am meisten **für sich.**
Suum cuique.	Jedem **das Seine**.

- nach einem Superlativ:

optimus quisque	(jeder **Beste**), gerade die Besten, alle Guten

- nach Ordinalzahlen:

quinto quoque anno	in jedem **fünften** Jahr, alle vier Jahre

- nach einem Relativ- oder Interrogativpronomen:

Vide, **quid** de quoque viro dicas!	Achte darauf, **was** du von einem Mann sagst!

-ter bedeutet „zwei“, „beide“:

uter? uterque, neuter, alter	wer? jeder, keiner, keiner, der eine/der andere

im Unterschied zu

quis? quisque, nemo, alius	wer? jeder, niemand, ein anderer (von mehreren).
Fratres alter alterum cecidit.	Die Brüder töteten sich gegenseitig.
earum civitatum utraque	diese beiden Gemeinden.

C Aufgaben

I. Zum Text:

1. Suche aus Text 19 die Pronomina heraus.

2. Welche Berufs- und Personengruppen gehörten zur Begleitung eines Provinzverwalters? Welche Aufgaben hatten sie?

II. Zur Grammatik:

1. Bestimme die Formen und übersetze sie:

eum qui – illi (2) – toti Siciliae – nemo vestrum – ne quis – ipse Verres – ei – istius – haec (3) – sibi – amicus eius – sola fide – aliquod factum – comes istius – eodem loco.

2. Unterscheide und übersetze:

id quod / ea quae – illi civitati / illi homines – quis? / ne quis – fructus laboris sui / laboris eius – eo tempore / eodem tempore – nemo nostrum / nostri meministi – toti urbi / tota urbe / tota urbs –
dixit se venisse / dixerunt se venisse / dixit eum venisse / dixit eos venisse –
negat id sibi faciendum esse / negant id sibi faciendum esse / negat id ei faciendum esse / negat id iis faciendum esse –
se absente / se absentibus / eo absente / iis absentibus –
comes istius – comes istius hominis.

3. Übersetze folgende Sätze:

1. Nemo quemquam tam audacem fore arbitrabatur.
2. Non hoc a vobis populus Romanus exspectat.
3. Vobis dicam id, quod intellexi.
4. Ex ea die ad hanc diem quae fecisti in iudicium voco.
5. Video quid egerim.
6. Is ad eum rem istam refert.
7. Homo haec audivit.
8. Illa expugnatio fani acerba toti Asiae fuit.
9. Ego omnia, quae negari potuerunt, praetermittam.
10. Philodemus ostendit se consules ipsos recepisse.
11. Deducitur ad Janitorem quendam.
12. Ignarus erat quantum sibi mali constitueretur.
13. Rubrius comites istius invitat.
14. Pro se quisque, ut in quoque erat auctoritatis plurimum, ad populum loquebatur.
15. Dicebat se nolle quicquam habere.

Lektion 20

Direkte und indirekte Rede

A Text

Noch einmal die Becher des Pamphilus

Memini Pamphilum Lilybitanum, amicum et hospitem meum, nobilem hominem, mihi narrare, cum iste ab sese hydriam Boethi manu factam praeclaro opere et grandi pondere per potestatem abstulisset, se sane tristem et conturbatum domum revertisse, quod vas eius modi, quod sibi a patre et a maioribus esset relictum, quo solitus esset uti ad festos dies, ad hospitum adventus, a se esset ablatum. „Cum sederem," inquit, „domi tristis, accurrit Venerius; iubet me scyphos sigillatos ad praetorem statim adferre. Permotus sum," inquit; „binos habebam; iubeo promi utrosque, ne quid plus mali nasceretur, et mecum ad praetoris domum ferri. Eo cum venio, praetor quiescebat; fratres illi Cibyratae inambulabant. Qui me ubi viderunt, ´Ubi sunt, Pamphile,` inquiunt, ´scyphi?` Ostendo tristis; laudant. Incipio queri me nihil habiturum quod alicuius esset preti si etiam scyphi essent ablati. Tum illi, ubi me conturbatum viderent, ´Quid vis nobis dare uti isti abs te ne auferantur?` Ne multa, HS mille me," inquit, „poposcerunt; dixi me daturum. Vocat interea praetor, poscit scyphos." Tum illos coepisse praetori dicere putasse se, id quod audissent, alicuius preti scyphos Pamphili; luteum negotium esse, non dignum quod in suo argento Verres haberet. Ait ille idem sibi videri. Ita Pamphilus scyphos optimos aufert.

(2,4,32; unveränderte Fassung)

Prunkgeschirr

Tisch mit Prunkgeschirr; Wandgemälde aus einem pompejanischen Grabbau. Auf dem Tisch ist Silbergeschirr zum Anschauen aufgestellt: ein Trinkhorn (cornu), eine Weinkanne (guttus), in der Mitte ein Mischkrug (crater), davor mehrere Trinkbecher (scyphi) und Schöpfkellen (simpula). Zur Ausstattung gehörte auch noch eine Wasserkanne (hydria), um den Wein im Mischkrug mit Wasser mischen zu können, - ungemischter Wein wurde nicht getrunken!

B Grammatische Erklärung

Allgemeine Überlegungen

- Unter einer indirekten Rede (oratio obliqua) versteht man Aussagen, die der Sprecher nicht in wörtlicher Wiedergabe zitiert, sondern als seine Meinungsäußerung schildert. Dadurch werden die Aussagen subjektiv: Der Sprecher läßt offen, ob sich die mitgeteilten Vorgänge und Zustände tatsächlich oder nur der Ansicht des Sprechers nach so zugetragen haben, wie er sie schildert.

- Die indirekte Rede hat prinzipiell die gleichen Satzglieder und Satzarten wie die direkte und die Vorgangsschilderung:
  Subjekt – Prädikat – Objekt – Adverbiale – Attribute usw.
  Aussage-, Frage-, Befehlssätze; Haupt- und Nebensätze.

Wiedergabe der indirekten Rede im L und D

Die Abhängigkeit der Aussagen wird im L teilweise anders zum Ausdruck gebracht als im D. Der größte Unterschied besteht in der Wiedergabe der *Aussagesätze*:

L: a.c.i. Se revertisse.
D: Hauptsatz im Konjunktiv: Er sei zurückgekehrt.

Im übrigen gilt:

L: Konjunktiv in allen anderen Satzarten,
d.h. in Frage- und Befehlssätzen und allen Nebensätzen
D: Konjunktiv.

Allerdings ist zu beobachten, daß der Konjunktiv als Verbform im D immer stärker zurückgeht und durch Hilfs- und Ersatzausdrücke oder sogar durch den Indikativ ersetzt wird. Wo er jedoch noch vorhanden ist, sollte er bei der Übertragung der indirekten Rede verwendet werden, um die subjektive Meinung des Sprechenden zum Ausdruck zu bringen.

Eine indirekte Rede kann unmittelbar im gleichen Satz stehen oder mittelbar von einem früher erwähnten oder nur gedachten Verb der Meinungsäußerung abhängen; im ersten Fall braucht im D der Konjunktiv nicht gesetzt zu werden:

Memini Pamphilum narrare .... . Ich erinnere mich, daß Pamphilus erzählt hat.
Illos coepisse .... . Jene hätten angefangen .... .

C Aufgaben:

I. Zum Text:

1. Vergleiche den Stil der direkten mit dem der indirekten Rede (Satzbau).
2. Welche Erzählebenen enthält die Schilderung? Was bewirkt der Redner damit?

II. Zur Grammatik:

Vergleiche die beiden Redeformen::

1. „Iste a me hydriam abstulit." - Iste ab sese hydriam abstulisse.
2. „Tristis domum reverti". - Se tristem domum revertisse.
3. „Cum sederem domi, accurrit Venerius." - Cum sederet domi, accurrisse Venerium.
4. „Fer scyphos sigillatos!" - Adferret scyphos sigillatos.
5. „Ubi sunt scyphi?" - Ubi scyphi essent?
6. „Quid vis nobis dare?" - Quid eis dare vellet?

Worin bestehen die formalen syntaktischen Unterschiede?

Weitere Texte zum Stil Ciceros

Lektion 21

Direkte und indirekte Schilderung

A Text

Cicero begründet, warum er im Prozeß gegen Verres sein Verfahren geändert und statt einer zusammenhängenden Anklagerede sogleich die Zeugen und Beweisstücke zu jedem Punkt der Anklage vorgeführt hat:

Dixi prima actione me planum esse facturum C. Verrem HS quadringentiens contra leges abstulisse.

Quid? hoc planius egissem, si ita narrassem? „Dio quidam fuit Halaesinus, qui, cum eius filio praetore C. Sacerdote hereditas a propinquo permagna venisset, nihil habuit tum neque negoti neque controversiae. Verres simul ac tetigit provinciam, statim Messana litteras dedit, Dionem evocavit, calumniatores ex sinu suo adposuit qui illam hereditatem Veneri Erycinae commissam esse dicerent; hac de re ostendit se ipsum cogniturum." Possum deinceps totam rem explicare, deinde ad extremum id quod accidit dicere, Dionem HS deciens centena milia numerasse ut causam certissimam obtineret; praeterea greges equarum eius istum abigendos curasse, argenti, vestis stragulae quod fuerit curasse auferendum. Haec neque cum ego dicerem neque cum tu negares, magni momenti nostra esset oratio. Quo tempore igitur auris iudex erigeret animumque attenderet?

Cum Dio ipse prodiret, cum ceteri qui tum in Sicilia negotiis Dionis interfuissent, cum per eos ipsos dies per quos causam Dio diceret reperiretur pecunias sumpsisse mutuas, praedia vendidisse; cum tabulae virorum bonorum proferrentur; cum qui pecuniam Dioni dederunt dicerent se iam tum audisse eos nummos sumi ut Verri darentur; cum amici, hospites, patroni Dionis, homines honestissimi, haec eadem se audisse dicerent: opinor, cum haec fierent, tum vos audiretis, sicut audistis; tum causa agi vere videretur.

(2,1,27-29)

B Hinweise zu Übersetzung und Deutung der Satzstrukturen

- Übersetze zuerst den gesamten Text – laß dich durch die Länge der Sätze nicht abschrecken: Hauptstilmittel ist die *parallele Satzführung*.
- Dann interpretiere die Erzählweise:
  - In welcher Form stellt der Redner den Vorgang ´Erpressung` dar? durchgehend in einer oder in mehreren Formen (Absatz 2 von „Dio quidam ..." bis curasse auferendum)?
  - In welcher Form führt der Redner die Alternative ´Plädoyer` – ´Zeugenanhörung` vor? (Absatz 2 und 3: Si narrassem ... – Cum Dio ipse prodiret ...).

- Was will er dadurch bewirken? (Schlußsatz: tum ... videretur).

- Gehe zum Schluß noch einmal den ganzen Text durch und definiere genau die syntaktischen Unterschiede der Erzählformen ´direkte Vorgangsschilderung` und ´indirekte Vorgangsschilderung` (a.c.i.).
- Schließlich kläre den Anklagepunkt: Wie lautet der Vorwurf?

Lektion 22

Wiedergabe von Wechselreden

A Texte

Cicero schildert das Vorgehen des Verres in der Rechtsprechung: Er habe unbescholtene Bürger eines erfundenen Vergehens angeklagt, um an ihr Vermögen zu kommen, und die Verurteilung mit Hilfe nur eines einzigen Geschworenen erzwingen wollen. Im vorliegenden Fall habe er Sopater angeklagt und alle Geschworenen bis auf Minucius in einen gleichzeitig stattfindenden Privatprozeß des römischen Kaufmanns Marcus Petilius beordert:

Non dubitabat Minucius, qui Sopatrum defendebat, quin iste, quoniam consilium dimisisset, illo die rem illam quaesiturus non esset, cum repente iubetur dicere. Respondet, „Ad quos?“ „Ad me“, inquit, „si tibi idoneus videor qui de homine Siculo ac Graeculo iudicem.“ „Idoneus es,“ inquit, „sed pervellem adessent qui adfuerant antea causamque cognorant!“ „Dic,“ inquit; „illi adesse non possunt.“ „Nam hercule,“ inquit Minucius, „me quoque Petilius ut sibi in consilio adessem rogavit“, et simul a subsellis abire coepit; causam sese dimisso atque ablegato consilio defensurum negavit. Itaque a subsellis discessit.

(2,2,72-73)

Erpressung der Bauern Siziliens:

Venit praetor.
„Frumentum“, inquit, „me abs te emere oportet.“
„Optime.“
„Modium denario.“
„Benigne ac liberaliter; nam ego ternis HS non possum vendere.“
„Mihi frumentum non opus est, nummos volo.“
„Nam sperabam“, inquit arator, „me ad denarios perventurum; sed, si ita necesse est, quanti frumentum sit considera.“
„Video esse binis HS.“
„Quid ergo a me tibi nummorum dari potest, cum senatus tibi quaternos HS dederit?“
Quid poscit? Attendite et, vos quaeso, simul, iudices, aequitatem praetoris attendite:
„Quaternos HS, quos mihi senatus decrevit et ex aerario dedit, ego habebo et in cistam transferam de fisco.“
Quid postea? quid?
„Pro singulis modiis, quos tibi impero, ut mihi octonos HS dato.“
„Qua ratione?“
„Quid quaeris rationem? non tantam rationem res habet quantam utilitatem atque praedam.“

(2,3,196-197)

B Hinweise zur Interpretation:

- Wodurch kennzeichnet der Redner die Wechselreden deutlich als *referiertes* Gespräch?
- Wird dies auch dann noch deutlich, wenn die ausdrückliche Einfügung von inquit unterbleibt?
- Welches weitere Mittel wendet der Redner zur Verdeutlichung an?

Lektion 23

Die Satzperiode

A Text

Insula est Melita, iudices, satis lato a Sicilia mari periculosoque diiuncta; in qua est eodem nomine oppidum, quo iste numquam accessit. Ab eo oppido non longe in promuntorio fanum est Iunonis antiquum, quod tanta religione semper fuit, ut non modo illis Punicis bellis, quae in his fere locis navali copia gesta et versata sunt, sed etiam hac praedonum multitudine semper inviolatum sanctumque fuerit. Erat ibi magna vis eboris, multa ornamenta, in quibus eburneae Victoriae antiquo opere ac summa arte perfectae.

Haec iste omnia uno impetu atque uno nuntio per servos, quos eius rei causa miserat, tollenda atque asportanda curavit.

Pro di immortales! Quem ego hominem accuso? Dicunt legati Melitenses publice templum Iunonis spoliatum esse, nihil istum in religiosissimo fano reliquisse; quem in locum classes hostium saepe accesserint, ubi piratae fere quotannis hiemare soleant, quod neque praedo violaverit ante neque hostis umquam attigerit, id ab uno isto sic spoliatum esse, ut nihil omnino sit relictum.

Di ablati, fana vexata, nudatae urbes reperiuntur; earum autem rerum nullam sibi iste neque infitiandi rationem neque defendendi facultatem reliquit.

(2,4,103-104)

B Hinweise zum Vorgehen

Es gibt zwei Möglichkeiten der Übersetzung langer Satzperioden:

1. Die *Wort-für Wort*-Methode oder *Interlinear-Version*:
Man übersetzt ein Wort nach dem anderen, wobei man allerdings klar die formal aufeinander bezogenen Wörter erkennen muß. Sie sind im L meist an der Endung zu sehen.

2. Die Übersetzung der *Konstruktion* oder *Strukturanalyse:*
Man gliedert den Text in Haupt- und Nebensätze und diese wiederum jeweils in ihre einzelnen Satzglieder, entweder durch farbige Hervorhebung oder in einem Schema.

Meist läßt sich aus der Vorübersetzung die endgültige *freie sinngemäße* Übersetzung bilden, bei der es auf gutes und verständliches Deutsch ankommt.

Dieses Vorgehen wird an unserm Text demonstriert.

1. Wort-für-Wort-Übersetzung

Die Insel Malta, Richter, ist ziemlich durch ein breites von Sizilien und gefährliches Meer getrennt; auf welcher ist von demselben Namen eine Stadt, zu der jener niemals hingegangen ist.

Von dieser Stadt nicht weit auf einem Felsvorsprung ist ein alter Tempel der Juno,
der von so großer Verehrung immer gewesen ist, daß er nicht nur in jenen Punischen Kriegen,
die fast in dieser Gegend mit einer Seestreitmacht geführt worden sind und sich abgespielt haben,
sondern auch bei der Menge von Seeräubern immer unversehrt und heilig gewesen ist.

Es war dort ein Menge Elfenbein, viele Kostbarkeiten,
unter welchen elfenbeinerne Siegesgöttinnen in alter Arbeit und mit höchster Kunst ausgeführt.
Diese ließ jener alle in einem einzigen Anlauf und auf einen einzigen Befehl durch Sklaven,
die er dieser Sache wegen geschickt hatte, entfernen und wegtragen.

Bei den unsterblichen Göttern! Welchen Menschen klage ich an?

Die Gesandten aus Malta sagen öffentlich, der Tempel der Juno sei geplündert worden,
nichts habe jener in dem so verehrten Heiligtum zurückgelassen;
zu welchem Ort die Flotten der Feinde oft hingekommen seien,
wo die Piraten fast jährlich zu überwintern pflegten,
was weder ein Räuber verletzt noch ein Feind jemals berührt habe,
das sei von jenem einen so geplündert worden, daß nichts überhaupt übriggeblieben sei.

Die Götter wurden weggetragen, die Tempel verheert und Städte entleert vorgefunden;
von welchen Sachen aber keine ließ sich der da weder zum Abstreiten einen Grund noch zum Verteidigen eine Möglichkeit zurück.

2. Strukturanalyse

a) Gliederung des Textes (*Schema*):

(**Präd. u. Subj.d. Hs.**; Präd. u. Subj. d. Ns.; *reihende Konjunktionen*)

Insula est Melita, iudices, satis/lato ´ a Sicilia ` mari periculosoque/**diiuncta**;
in qua est eodem nomine oppidum,
quo iste numquam accessit.

Ab eo oppido non longe in promuntorio **fanum est** Iunonis antiquum,
quod / tanta religione /semper fuit,
ut non modo /illis Punicis bellis,
quae /in his fere locis /navali copia /gesta et versata sunt,
sed etiam /hac praedonum multitudine/semper inviolatum sanctumque fuerit.

Erat ibi magna **vis eboris**, **multa ornamenta**,
in quibus eburneae Victoriae /antiquo opere ac summa arte /perfectae.

Haec **iste** omnia /uno impetu atque uno nuntio/per servos,
quos /eius rei causa/miserat,
tollenda atque asportanda **curavit**.

Pro di immortales! Quem **ego** hominem **accuso**?

Dicunt legati Melitenses publice
templum Iunonis spoliatum esse,
nihil istum in religiosissimo fano reliquisse;
quem in locum classes hostium saepe accesserint,
ubi piratae fere quotannis hiemare soleant,
quod /neque praedo violaverit ante/neque hostis umquam attigerit,
id ab uno isto sic spoliatum esse,
ut nihil omnino sit relictum.

Di ablati, **fana** vexata, nudatae **urbes reperiuntur**;

earum autem rerum nullam /sibi **iste** /neque infitiandi rationem/neque defendendi facultatem/**reliquit**.

b) Vorübersetzung

Die Insel Malta, ihr Richter, **ist getrennt** von Sizilien durch ein ziemlich breites und gefährliches Meer.

Eine Stadt ist auf ihr mit demselben Namen, zu der der da gekommen ist niemals.

Ein Tempel ein alter der Juno **ist** auf einem Felsvorsprung nicht weit von dieser Stadt,

der gewesen ist immer von so großer Verehrung,

daß er immer unversehrt *und* heilig gewesen ist

nicht nur in jenen Punischen Kriegen,

die geführt worden sind *und* sich abgespielt haben in dieser Gegend mit einer Streitmacht,

sondern auch trotz der Menge von Seeräubern.

Es war eine Menge Elfenbein, viele **Kostbarkeiten** dort,

unter welchen elfenbeinerne Siegesgöttinnen, ausgeführt in alter Arbeit *und* höchster Kunst.

Der da ließ dies alles entfernen *und* wegtragen in einem Ansturm *und* auf einen Befehl durch Sklaven,

die er geschickt hatte dieser Sache wegen.

Bei den unsterblichen Göttern! Welchen Menschen **klage ich an**?

Die Gesandten aus Malta **sagen** öffentlich,

daß der Tempel der Juno geplündert worden sei,

daß der da zurückgelassen habe nichts in dem sehr verehrten Heiligtum;

zu welchem Ort die Flotten gekommen seien der Feinde oft,

wo die Piraten zu überwintern pflegten fast jährlich,

was *weder* ein Räuber versehrt habe vorher *noch* ein Feind berührt habe jemals,

daß das geplündert worden sei von dem einen da *so*,

daß nichts übriggeblieben sei überhaupt.

Man fand die Götter weggetragen, **die Tempel** verheert, die **Städte** geleert.

Der da hat zurückgelassen sich *weder* einen Grund des Abstreitens *noch* eine Möglichkeit der Verteidigung von diesen Sachen.

Endgültige Übersetzung

a) textnahe Version

Die Insel Malta, ihr Richter, ist von Sizilien durch ein ziemlich breites und gefährliches Meer getrennt. Auf ihr liegt eine gleichnamige Stadt, zu der Verres nie hingekommen ist. Nicht weit von dieser Stadt entfernt liegt auf einem Felsvorsprung ein altes Heiligtum der Juno, das immer in so großer Verehrung stand, daß es nicht nur in den Punischen Kriegen, die ungefähr in dieser Gegend mit einer Flotte durchgeführt worden sind und sich abgespielt haben, sondern auch trotz dieser Menge von Seeräubern immer unversehrt geblieben und geheiligt worden ist. Es gab dort eine Menge Elfenbein und viele Kunstgegenstände, unter denen sich auch Siegesgöttinnen aus Elfenbein befanden, die von altem Stil und in höchster Kunst gefertigt waren.
Dies alles ließ Verres in einem einzigen Anlauf und auf einen einzigen Befehl hin durch Sklaven, die er deswegen geschickt hatte, wegnehmen und zu sich bringen.
Bei den unsterblichen Göttern! Was für einen Menschen klage ich an? Die Gesandten aus Malta sagen öffentlich, daß der Tempel der Juno geplündert worden sei und daß der da nichts in dem hochverehrten Heiligtum übriggelassen habe; ein Ort, zu dem die Flotten der Feinde oft gekommen seien und wo Piraten fast jährlich zu überwintern pflegten, was weder ein Räuber verletzt noch ein Feind jemals berührt habe, das sei von diesem einen so geplündert worden, daß überhaupt nichts mehr übriggeblieben sei.
Es zeigt sich, daß die Götterbilder weggetragen, die Heiligtümer versehrt und die Städte entleert worden sind; von diesen Dingen aber ließ Verres sich keines zurück als Grund zum Abstreiten noch als Möglichkeit zur Verteidigung.

b) freie Version

Die Insel Malta, ihr Richter, ist von Sizilien durch ein breites und gefahrvolles Meer getrennt. Auf ihr liegt eine Stadt gleichen Namens, zu der Verres nie hingekommen ist. Nicht weit von dieser Stadt entfernt liegt auf einem Felsvorsprung ein altes Heiligtum der Juno; es wurde immer sehr verehrt; deswegen ist es nicht nur in den Punischen Kriegen, die fast genau in dieser Gegend stattgefunden haben, sondern auch trotz der großen Zahl von Seeräubern immer unbeschädigt und heiliggehalten worden. In ihm befand sich eine Menge Elfenbein und viele Kunstgegenstände, darunter Viktoriastatuen aus Elfenbein in altem Stil und von höchster Kunst.
Das alles ließ Verres auf einmal und auf ein einziges Wort hin von Sklaven, die er eigens deswegen dorthin geschickt hatte, wegtragen und zu sich bringen.
Bei den unsterblichen Göttern! Was für einen Menschen klage ich da an! Die Gesandten der Malteser sagen in aller Öffentlichkeit, der Junotempel sei ausgeplündert worden und Verres habe nichts in dem hochverehrten Heiligtum zurückgelassen. Der Ort, zu dem feindliche Flotten oft hingekommen seien und wo Piraten fast jedes Jahr den Winter verbrächten, was weder ein Räuber verletzt noch je ein Feind berührt habe, das sei von diesem einen da so geplündert worden, daß überhaupt nichts mehr da sei.
Wie man sieht, sind die Götterbilder weggetragen, die Tempel entheiligt und die Städte ihrer Kunstgegenstände beraubt worden; von diesen Dingen aber hat der da nicht eines zu seinen Gunsten zurückgelassen, so daß er alles leugnen oder sich verteidigen könnte.

Minimalwortschatz

I Verben

a-Konjugation

vocare, voco, vocavi, vocatum	rufen
iudicare	urteilen, entscheiden; glauben, meinen
putare	meinen, glauben, halten für
arbitrari, arbitror, arbitratus sum	meinen, glauben

e-Konjugation

videre, video, vidi, visum	sehen
audere, audeo, ausus sum	wagen

i-Konjugation

audire, audio, audivi, auditum	hören
venire, venio, veni, ventum	kommen

Konsonantische Konjugation

mittere, mitto, misi, missum	schicken
cognoscere, -nosco, -novi, -notum	kennenlernen; *Perf.:* kennen, wissen
dicere, dico, dixi, dictum	sagen
defendere, defendo, defendi, defensum	schützen, verteidigen

Kurzvokalische Konjugation

capere, capio, cepi, captum	fassen, fangen
facere, facio, feci, factum	tun, machen

Unregelmäßige Verben:

esse, sum, fui, -, futurum	sein; vorhandensein, existieren
posse, possum, potui, -	können; vermögen
ferre, fero, tuli, latum	tragen, bringen; ertragen
ire, eo, ii, itum	gehen
velle, volo, volui, -	wollen

II Substantive

a-Deklination

causa, causae, f.	Rechtssache, Ursache Grund
filia	Tochter
tabula	(Schreib-)Tafel
littera	Buchstabe; *Pl.* Schreiben, Brief

o-Deklination: m

amicus, amici, m.	Freund
animus	Geist, Sinn, Mut
annus	Jahr
filius	Sohn
legatus	Gesandter, Statthalter
locus	Ort, Stelle
modus	Maß, Art und Weise

o-Deklination: n	
auxilium, auxilii, n.	Hilfe; *Pl.:* Hilfsmittel
consilium	Rat, Plan, Beschluß
iudicium	Gericht, Gerichtsversammlung
u-Deklination:	
magistratus, magistratus, m.	Amt, Beamter
domus, domus, f.	Haus, Heimat
e-Deklination:	
dies, diei, m.	Tag; f.: Frist
res	Sache, Ding
Konsonantische Deklination	
iudex, iudicis, m.	Richter, Geschworener
lex, legis, f.	Gesetz
auctoritas, auctoritatis, f.	Ansehen, Glaubwürdigkeit
civitas	Bürgerschaft, Stadt, Staat
dignitas	Würde, Ansehen
condicio, condicionis, f.	Bedingung
homo, hominis, m.	Mensch, Mann
nomen, nominis, n.	Name
facinus, facinoris, n.	Tat, Untat
ius, iuris, n.	Recht
Gemische Deklination	
classis, classis, f.	Flotte
civis, civis, m.	Bürger
pars, partis, f.	Teil, Seite, Richtung, Partei
urbs, urbis, f.	Stadt, Großstadt

III Adjektive

o- / a-Dekliantion	
alienus, aliena, alienum	fremd
alius	ein anderer
amplus	wichtig, bedeutend
bonus	gut
certus	sicher, gewiß
clarus	berühmt
honestus	ehrenwert, ehrenvoll
iustus	gerecht
i-Deklination	
fortis, forte	mutig, tapfer
audax, audacis	kühn, frech

IV Pronomina

Demonstrativpronomina	
is, ea, id	dieser, diese, dies; er, sie, es;der-,die-,dasjenige
hic, haec, hoc	dieser, diese, dies
ille, illa, illud	jener, jene, jenes
iste, ista, istum	der da, die da, das da (in verächtlichem Sinn)
Relativpronomen	
qui, quae, quod	welcher, welche, welches
Fragepronomen	
quis? quid?	wer? was?

Grundwortschatz

I Verben

a-Konjugation
mit v-Perfekt

Beispiel: voc**are**
voc**o**, voca**vi**, voc**atum**

accusare	anklagen	→ accusator, accusatio
aestimare	abschätzen, beurteilen	
existimare	glauben, meinen	→ existimatio
appellare	ansprechen, nennen	
armare	bewaffnen	→ arma
citare	vorladen, aufrufen	
recitare	vorlesen	
cogitare	denken, bedenken	→ cogitatio
commemorare	erwähnen	→ memor, memoria
firmare	festigen	→ firmus
confirmare	stärken, bestärken, versichern	
curare	sorgen, sich kümmern	→ cura
damnare	verurteilen	→ damnum
condemnare	verurteilen	
desiderare	wünschen, ersehnen	
dubitare (quin)	zweifeln (daß)	→ dubium
(*m.Inf.*)	zögern	
exspectare	erwarten, abwarten	→ exspectatio
imperare	befehlen, beherrschen, anfordern	→ imperium, imperator
laudare	loben	→ laus
liberare	befreien	→ liber, libertus
negare	leugnen, sagen, daß nicht	
nominare	nennen, benennen	→ nomen
optare	wünschen	
orare	reden, sprechen, bitten	→ orator, oratio
parare	vorbereiten, beschaffen	
comparare	~ parare	
postulare	fordern	
rogare	fragen, bitten	
servare	bewahren, erhalten; retten; beachten	
conservare	~ servare	
reservare	aufbewahren, erhalten (*für etw.*)	
sperare	hoffen	→ spes
vexare	quälen	

mit Reduplikationsperfekt

Beispiel: **dare**
do, dedi, d**atum**

dare	geben	
credere, didi, ditum	glauben, anvertrauen	← „cor dare"
perdere	zugrunderichten; verschwenden	
reddere	zurück-, wiedergeben; machen	
tradere	übergeben, überliefern	→ traditio
vendere	verkaufen	← „venum dare"
stare, sto, steti, -	stehen	→ status, statua
constare	feststehen	→ constantia

Deponentien

Beispiel: con**ari**
con**or**, con**atus sum**

conari	versuchen	
mirari	sich wundern	→ mirabilis
opinari	vermuten	→ opinio
suspicari	argwöhnen, verdächtigen	→ suspicio
versari	sich aufhalten	

e-Konjugation

mit u-Perfekt

habere, habeo, habui, habitum	haben, halten, behandeln (als)	→ habitare
tenere, teneo, tenui, tentum	halten, festhalten	
pertinere (ad)	sich erstrecken, sich beziehen (*auf*)	
sustinere	aufrechthalten, unterstützen	
carere, careo, carui, -	entbehren	
timere, timeo, timui, - (ne)	fürchten (*daß*)	→ timor
(*m. Inf.*)	scheuen, Angst haben (*etw. zu tun*)	

mit s-Perfekt

iubere, iubeo, iussi, iussum (*m. a.c.i.*)	befehlen, (*etw. ausführen*) lassen	
augere, augeo, auxi, auctum	vermehren, vergrößern, steigern	→ auctor, auctoritas

mit Dehnungsperfekt

videre, video, vidi, visum	sehen	
videri	scheinen	
movere, moveo, movi, motum	bewegen, erregen, veranlassen	

Semideponentien

audere, audeo, ausus sum	wagen	
solere, soleo, solitus sum	(*etw. zu tun*) pflegen, immer wieder tun	

i-Konjugation
mit v-Perfekt

audire, audio, audivi, auditum	hören	
scire, scio, scivi, scitum	wissen, kennen, verstehen	→ scientia
nescire	nicht wissen	

mit s-Perfekt

sentire, sentio, sensi, sensum	empfinden; wahrnehmen; meinen	→ sententia
consentire	übereinstimmen	→ consensus

mit Dehnungs-Perfekt

venire, venio, veni, ventum	kommen	
advenire	ankommen	→ adventus
convenire	zusammenkommen, sich einigen	→ conventus
invenire	finden, ermitteln	
pervenire	ankommen, gelangen (*zu*)	

Konsonantische Konjugation
mit v-Perfekt

petere, peto, petivi, petitum	bitten, fordern; sich bewerben	
repetere	zurückfordern	
quaerere, quaero, quaesivi, quaesitum	suchen, zu erfahren suchen, zu erwerben suchen	→ quaestio, quaestor
cognoscere, -nosco, -novi, -notum	kennenlernen; *Perf.*: kennen, wissen	→ nobilis, nobilitas
cernere, cerno, crevi, cretum	sehen, sichten	
decernere	entscheiden; beschließen	→ decretum

mit u-Perfekt

consulere, -sulo, -sului, -sultum		
(*m.Akk.*)	befragen, um Rat fragen	→ consultum, consilium
(*m.Dat.*)	sorgen (*für*)	
deserere, -sero, -serui, -sertum	verlassen, im Stich lassen	
ponere, pono, posui positum	stellen, setzen, legen	
proponere	vor Augen führen	

mit s-Perfekt

cedere, cedo, cessi, cessum	gehen, weichen	
accedere	herankommen, sich nähern	
concedere	zugestehen, erlauben	
discedere	auseinander-, weggehen	
contemnere, -temno, tempsi, - temptum	verachten	
ducere, duco, duxi, ductum	führen; meinen	→ dux Führer
adducere	hin- heranführen; veranlassen	
conducere	zusammenführen; anwerben	
producere	vor-, hervor-, weiterführen	
gerere, gero, gessi, gestum	tun, ausführen; *Pass.:* geschehen	
intellegere, -lego, -lexi, -lectum	verstehen, merken, erkennen	
neglegere	vernachlässigen, nicht beachten	
mittere, mitto,misi, missum	schicken	
committere	überlassen, anvertrauen	
permittere	erlauben	

scribere, scribo, scripsi, scriptum	schreiben	
conscribere	aufschreiben	
sumere, sumo, sumpsi, sumptum	nehmen	
vivere, vivo, vixi, -, victurus	leben	→ vita

mit Reduplikationsperfekt

occidere, -cído, **cecí**di -císum	niederhauen, erschlagen, töten	← caedere, caedo, , caesum; caedes
ostendere, -tendo, -tendi, -tentum	zeigen, darlegen	← tendere, tendo, **tete**ndi, tentum
poscere, posco, poposci, (postulatum)	fordern, verlangen	

mit Dehnungsperfekt

legere, lego, legi, lectum	lesen	
emere, emo, emi, emptum	kaufen	
redimere	loskaufen, befreien	
relinquere, -linquo, -líqui, -líctum	zurücklassen, verlassen	→ reliquus, reliquiae

mit Ablautperfekt

agere, ago, egi, actum	tun, treiben, betreiben	→ actio
cogere, cogo, coegi, coactum	sammeln; zwingen	
exigere	heraus-, wegtreiben	

mit Stammperfekt

defendere, -fendo, -fendi, -fensum	schützen, verteidigen	→ defensor, defensio
offendere	Anstoß erregen, beleidigen	
reprehendere, -prehendo, -prehendi, -prehensum	wiederaufgreifen, tadeln	
solvere, solvo, solvi, -solutum	lösen, bezahlen, befreien	
absolvere	freisprechen	

Deponentien

loqui, loquor, locutus sum	sprechen	
proficisci, -ficiscor, -fectus sum	aufbrechen, reisen	→ profectio
sequi, sequor, secutus sum (*m.Akk.*)	folgen, verfolgen	
uti, utor, usus sum (*m. Abl.*)	gebrauchen, verwenden	→ usus

Semideponens

reverti, revertor, reverti, reversus	zurück-, umkehren	

Kurzvokalische Konjugation

mit v-Perfekt

cupere, cupio,cupivi cupitum	wünschen, begehren	→ cupidus, cupiditas, cupido

mit u-Perfekt

eripere, -ripio, -ripui, -reptum	an sich reißen, wegreißen	

mit Ablautperfekt

capere, capio, cepi, captum	fassen, fangen, ergreifen	
incipere, -cipio, coepi, inceptum	anfangen	
suscipere, -cipio, -cepi, -ceptum	auf sich nehmen, übernehmen	
facere, facio, feci, factum (*Pass.:* fieri)	tun, machen	→ factum, facinus facultas, facile
afficere, -ficio, -feci, -fectum (m.Abl.)	antun, versehen (*mit*)	
efficere	herstellen, bewirken	

Unregelmäßige Verben

ferre, fero, tuli, latum	tragen	
auferre, -fero, abstuli, ablatum	wegtragen	
conferre	zusammentragen	
deferre	weg-, hintragen; berichten	
referre, -fero, rettuli, relatum	zurücktragen; berichten	
(tollere, tollo,)		
sustuli, sublatum	erheben, wegnehmen	
fieri, fio, (factus sum)	werden, gemacht werden, geschehen	
ire, eo, ii, itum	gehen	→ iter
praeterire	vorbeigehen, übergehen	
redire	zurückkehren	
esse, sum, fui, futurus	sein, da sein vorhanden sein	
abesse,	abwesend -, entfernt sein	→ absens
adesse	da sein, dabei sein; unterstützen	
deesse	fehlen, fernbleiben	
praeesse	an der Spitze stehen, vorstehen	
posse, possum, potui	können, vermögen	→ potiri, potentia potestas
velle, volo, volui, -	wollen	→ voluntas
malle, malo, malui, -	lieber wollen, vorziehen	← magis velle
nolle, nolo, nolui, -	nicht wollen	← non velle

II Substantive

a-Deklination

Beispiel: causa, caus**ae**, *f*

audacia	Kühnheit, Frechheit	→ audere, audax
avaritia	Habgier, Geiz	→ avarus
copia	Vorrat, Menge	
cura	Sorge: Fürsorge, Kummer	→ curare
diligentia	Sorgfalt	→ diligens
familia	Hausgemeinschaft; Gesinde	→ familiaris
fortuna	Schicksal, Glück; *Pl.:* Reichtum	
gloria	Ruhm	
gratia	Ansehen, Gunst, Dank	→ gratus
impudentia	Unverschämtheit	→ impudens
iniuria	Unrecht, Ungerechtigkeit	← ius, iustitia, iudex
invidia	Neid, Eifersucht, Haß	→ invidere, invisus
memoria	Erinnerung, Gedächtnis, Überlieferung	→ meminisci, memor
pecunia	Geld	
poena	Bußgeld, Strafe	→ punire
praeda	Beute, Gewinn	→ praedo, praedari
provincia	Amtsbereich, Provinz	
sententia	Meinung, Ausspruch, Gedanke	→ sentire
statua	Standbild, Statue	→ stare
via	Straße, Weg	
vita	Leben, Lebensweise, Lebenslauf	

o-Deklination: m

Beispiel: amic**us**, amici, ***m***

amicus	Freund	→ amicitia, amare
inimicus	Feind	→ inimicitiae
deus	Gott	→ dea
dominus	Herr, Besitzer	→ domina
modius	Scheffel (*8,75 l*)	
numerus	Zahl, Anzahl	→ numerare
nummus	Münze (*bes. Sesterz*)	
patronus	Schutzherr, Vertreter (*vor Gericht*)	→ pater
populus	Volk	
privatus	Privatmann	
publicus	öffentlich	→ publicanus
pupillus	Mündel, Waise	
reus	Angeklagter	
servus	Sklave	→ serva
sestertius	Sesterz (*Bronzemünze*)	
socius	Bundesgenosse	→ societas
liber, libri	Buch(*rolle*)	
puer, pueri	Knabe; Diener	→ puella, pueritia
liberi, -orum	Kinder (*von Freien*)	→ liber, libertas

o-Deklination: n

Beispiel: consili**um**, consili**i**, *n*

argentum	Silber, Silbergerät, Silbergeld	
aurum	Gold	
bellum	Krieg	
consultum	Beschluß	→ consulere
consilium	Rat, Plan	
convivium	Gastmahl, Gelage	
damnum	Buße, Verlust, Schaden	→ damnare
edictum	Bekanntmachung, Anordnung	
exemplum	Beispiel	
factum	Tat, Handlung	→ facere; facilis facinus, facultas
fanum	Heiligtum, Tempel	
flagitium	Schande, Schandtat	→ flagitiosus
forum	Marktplatz	
frumentum	Getreide	
furtum	Diebstahl	→ fur
imperium	Befehl, Befehlsgewalt, Herrschaft	→ imperare, imperator
institutum	Einrichtung; Vorhaben	→ instituere
negotium	Tätigkeit: Geschäft, Aufgabe	→ negotiari, negotiator
officium	Pflicht, Aufgabe	
ornamentum	Ausrüstung; Schmuck(-stück)	→ ornare
periculum	Gefahr	
praesidium	Schutz, Hilfe	
pretium	Wert, Preis, Lohn	
signum	Zeichen, Bild, Statue	→ signare
studium	Eifer, Bemühung, Interesse	→ studere
stuprum	Unzucht, sexuelle Ausschweifung	
suffragium	Abstimmung; Stimmrecht, Stimme	
supplicium	Hinrichtung, Strafe, Qual	→ supplex
templum	Tempel	
testamentum	Testament	→ testis
testimonium	Zeugnis, Zeugenaussage	
vitium	Fehler, Mangel	

u-Deklination

Beispiel: magistrat**us**, magistrat**us**, *m*

adventus	Ankunft	→ advenire
conventus	Zusammenkunft; Versammlung	→ convenire
magistratus	Amt, Beamter	← magis; magister
metus	Furcht	→ metuere
portus	Hafen	
quaestus	Erwerb	← quaerere; quaestio quaestor
manus; us, **f**	Hand, Handvoll, Schar	

e-Deklination

dies, ei, m	Tag; Zeitpunkt, Frist	
fides, ei, f	Treue, Vertrauen, Zuverlässigkeit	
res	Sache, Ding	
spes	Hoffnung	→ sperare, desperare

i-Deklination

securis, is, f	Beil, Axt	
mare, is, n	Meer	
vectigal	Abgabe, Zoll,; *Pl.:* Einnahmen	

Konsonantische Deklination

Gutturale (-c- / -g-)

dux, ducis, m	Führer	→ ducere
vox, vocis, f	Stimme, Wort	→ vocare
lex, legis, f	Gesetz	→ legare, legatus

Dentale (-d- / -t-)

heres, heredis, m	Erbe	→ hereditas
laus, laudis, f	Lob	→ laudare
eques, equitis, m	„Ritter“, Reiter; Kaufmann	→ equus
hospes	Gast, Gastfreund	→ hospitium
mors, mortis, f	Tod	→ mori
salus, salutis, f	Wohlergen, Rettung	→ salve! salvete!
virtus	Tüchtigkeit, Tugend	← vir
caput, capitis, n	Kopf	
aetas, aetatis, f	Lebensabschnitt, Lebensalter	
calamitas	Unglück	
crudelitas	Grausamkeit	← crudelis
cupiditas	Begierde, Verlangen	← cupidus, cupere
facultas	Möglichkeit, Fähigkeit	← facere, facilis facinus, factum
gravitas	Gewicht; Ernst, Würde	← gravis
hereditas	Erbschaft	← heres
potestas	Amtsgewalt, Befugnis, Möglichkeit	← posse
voluntas	Wille	← velle
voluptas	Vergnügen, Lust	

Nasal (-n)

accusatio, tionis, f	Anklage	← accusare, accusator
actio	Gerichtsverhandlung	← agere
aestimatio	Ab-, Einschätzung	← aestimare
existimatio	Meinung, Ansehen	← existimare
contio	Volksversammlung	
legatio	Gesandtschaft	← legatus
oratio	Rede	← orator, orare
ratio	Berechnung; Art und Weise	
consuetudo, dinis, f	Gewohnheit	← consuescere
libido	Leidenschaft, Willkür	← libet
multitudo	Menge	← multum
ordo (m)	Stand, Klasse; Reihenfolge	
praedo	Seeräuber, Pirat	← praeda, praedari
defensio, sionis, f	Verteidigung, Schutz	← defensor, defendere
religio	religiöse Scheu, Verehrung	
crimen, minis, n	Vorwurf, Anklage; Verbrechen	

-r-Stämme

accusator, is, m	Ankläger	→ accusatio; accusare
arator	Landwirt, Bauer	← arare
auctor	Urheber, Gewährsmann	→ auctoritas, augere
honor	Ehre, Ehrenamt	→ honestus
labor	Mühe, Strapaze, Arbeit	→ laborare
praetor	Prätor	→ praetura
pudor	Ehrgefühl, Scham, Zurückhaltung	→ pudicitia im-pudens, im-pudentia
quaestor	Quästor	→ quaestura
senator	Senator	→ senatus, senex
tutor	Vormund, Beschützer	← tutus
mos, moris f	Sitte, Brauch	
vis, vim, vi;	Gewalt	
vires, ium	Kräfte	
mulier, is, f	Frau, Ehefrau	
frater, tris	Bruder	
mater	Mutter	
pater	Vater	→ patria, patronus
soror	Schwester	
corpus, oris, n	Körper	
facinus	Untat, Frevel	← facere, factum, facilis
tempus	Zeit; *Pl.:* Zeitumstände	→ tempestas
genus, eris, n	Geschlecht, Gattung, Art	→ gens
opus	Tätigkeit, Werk	
scelus	Verbrechen	→ sceleratus
ius, iuris, n	Recht	→ iustus, iustitia, iudex, iudicium

Gemischte Deklination
Gleichsilbler
Beispiel: civ**is**, civ**is**

aedes, is, f	Tempel; *Pl.:* Haus	→ aedificare
navis	Schiff	→ navigare, nauta
civis	Bürger	→ civitas, civilis
hostis	(Landes-) Feind	
testis	Zeuge	→ testimonium, testamentum

III Adjektive
o-/a-Deklination
Beispiel: long**us**, **a**, **um**

acerbus	bitter	
aequus	eben, gleich, gerecht	→ aequitas
clarus	hell; berühmt	
praeclarus	glänzend, berühmt	
commodus	zweckmäßig, bequem, passend	→ commodum
cunctus	gesamt; *Pl.:* alle	
cupidus (*m.Gen.*)	gierig, begierig (*nach*)	→ cupiditas, cupere
dignus (*m.Abl.*)	würdig (*einer Sache*)	→ dignitas
domesticus	privat, persönlich	← domus
falsus	falsch	
gratus	angenehm, dankbar willkommen	← gratia
probus	rechtschaffen	→ probare
improbus	unverschämt	
invitus	wider Willen, ungern	
longus	lang	
longe (*Adv.*)	bei weitem	→ longitudo
malus	schlecht	
multum	viel	→ multitudo
nefarius	frevelhaft, verbrecherisch	← nefas, fas
novus	neu, neuartig, unbekannt	
parvus	klein	
plenus (*m.Gen.*)	voll (*von*)	
posterus	der folgende	← post, postea
primus	der erste	← prior, prius
primum (- deinde)	zuerst (- dann)	
primo (- postremo)	anfangs (- schließlich)	
proprius	eigen, eigentümlich	
publicus	öffentlich; staatlich, allgemein	→ res publica, publicanus
reliquus	übrig, *Pl.:* die übrigen	→ relinquere
sanctus	heilig, ehrwürdig	
sceleratus	verbrecherisch	← scelus
verus	wahr, wirklich, richtig	→ veritas

vivus	lebendig	← vivere, vita
universus	ganz, insgesamt; *Pl.:* alle	
ceteri, ae, a	die anderen, die übrigen	
pauci	(nur) wenige	
singuli	einzelne, je ein	→ singularis
alter, a, um	der andere, der zweite	
liber	frei	→ libertas, liberare
miser	arm, unglücklich, elend	→ miserari
integer, gra, grum	untadelig, anständig	
pulcher	schön	
sacer	heilig	
unus (*Gen.* ius *Dat.* i)	einer, ein einziger	
solus	allein	
ullus	irgendeiner	
nullus	keiner	

Gemischte Deklination

zweiendig

Beispiel: fort**is**, fort**e**

communis	gemeinsam, allgemein	→ communicare
crudelis	grausam	→ crudelitas
facilis	leicht	→ facultas, facinus, facere, factum
familiaris	befreundet, vertraut	← familia
fortis	mutig, tapfer	→ fortitudo
gravis	schwer, gewichtig, würdevoll	→ gravitas
omnis	ganz; *Pl.:* alle	
similis	ähnlich	← simul, simulare
singularis	einzigartig, außerordentlich	← singuli
turpis	häßlich, schändlich	

einendig

Beispiel: amens, tis *(Gen.)*

amens	wahnsinnig	→ amentia (mens)
audax, acis	kühn, frech	→ audacia; audere
impudens	schamlos, unverschämt	→ impudentia (pudor)
innocens (nocere)	unschuldig, untadelig	→ innocentia

IV Präpositionen

mit Akkusativ

ad	zu, bis zu; bei, in der Nähe von	→ adducere, accurrere, afferre
ante	vor, voran	→ antecedere
apud	bei	
inter	zwischen, unter	→ interesse, interrumpere
ob	gegen, entgegen; wegen	→ obicere, opprimere, ostendere
per	durch; ganz und gar, völlig	→ pervenire, pertimescere, permulti
post	nach	→ postquam, postridie
praeter	an – vorbei; außer	→ praeterire, praeterea
prope	nahe bei	→ propinquus
propter	wegen	→ propterea

mit Ablativ

a, ab	von, von – her	→ abesse, auferre – abstuli
cum	mit, zusammen	→ conferre, conservare
de	von – herab; über; betreffs	→ deesse, deferre
e, ex	aus; aufgrund	→ edicere, excitare
prae	vor; im Vergleich zu	→praeesse, praeclarus
pro	für; anstatt; entsprechend	→ providere, proponere
sine	ohne	

mit Ablativ oder Akkusativ

in	in, an, auf; in – hinein, hinauf	→ inesse, inire
sub	unter	→ subesse, subicere

mit Genetiv

gratia	um – willen
causa	wegen

V Konjunktionen

beiordnend

reihend

et	und
et – et	einerseits – andererseits; sowohl – als auch; - und
-que	und
atque, ac	und, ferner
etiam (*vorangestellt*)	auch, sogar
quoque (*nachgestellt*)	auch
neque, nec	und nicht, auch nicht, aber nicht
neque – neque	weder – noch
ne – quidem	nicht einmal

ausschließend

aut	oder
aut – aut	entweder – oder
vel	oder
vel – vel *(freie Wahl)*	entweder – oder
sive – sive	sei es daß – oder daß

folgernd

ergo (*nachgestellt)*	also
tandem	schließlich, endlich

begründend

enim (*nachgestellt*)	nämlich
itaque	daher, deshalb
nam	denn

einschränkend

tamen	dennoch, trotzdem

unterordnend

cum	*mit Konjunktiv:* als, nachdem; weil; obwohl, obgleich; während dagegen *mit Indikativ:* als; jedesmal wenn, sooft als; dadurch daß, indem
ut	*mit Konjunktiv:* daß, damit; daß, so daß; *nach Verben des Fürchtens:* daß nicht
ne	damit nicht; *nach Verben des Fürchtens:* daß
ne non	*nach Verben des Fürchtens:* daß nicht
ut non	so daß nicht
quod	daß; weil
dum	*mit Konjunktiv:* (solange) bis *mit Indikativ Präsens:* während
si	*mit Konjunktiv bzw. Indikativ:* wenn; ob
nisi	wenn nicht
postquam	nachdem (*mit Indikativ Perfekt*)
ubi, ubi primum; simul	sobald
priusquam	bevor
quamquam	obwohl, obgleich

Tabelle I

Die Konjugation des Verbs

Die Formen des Präsensstammes

a) Aktiv

Stamm	a- Konjugation	e- Konjugation	i- Konjugation	kons. Konjugation	kurzvok. Konjugation
Ind. Präs.	voc -**o** voca-**s** voca-**t** vocá-**mus** vocá-**tis** voca-**nt**	vide-**o** vide-**s** vide-**t** vidé-**mus** vidé-**tis** vide-**nt**	audi-**o** audi-**s** audi-**t** audí-**mus** audí-**tis** audi-**u**-**nt**	mitt -**o** mitt-**i**-**s** mitt-**i**-**t** mítt-**i**-**mus** mítt-**i**-**tis** mítt-**u**-**nt**	capi-**o** capi-**s** capi-**t** cápi-**mus** cápi-**tis** cápi-**u**-**nt**
Ind. Impf.	vocá-**ba**-m vocá-**ba**-s vocá-**ba**-t voca-**bá**-mus voca-**bá**-tis vocá-**ba**-nt	vidé-**ba**-m vidé-**ba**-s vidé-**ba**-t vide-**bá**-mus vide-**bá**-tis vidé-**ba**-nt	audi-é-**ba**-m audi-é-**ba**-s audi-é-**ba**-t audi-e-**bá**-mus audi-e-**bá**-tis audi-é-**ba**-nt	mitt-é-**ba**-m mitt-é-**ba**-s mitt-é-**ba**-t mitt-e-**bá**-mus mitt-e-**bá**-tis mitt-é-**ba**-nt	capi-é-**ba**-m capi-é-**ba**-s capi-é-**ba**-t capi-e-**bá** mus capi-e-**bá**-tis capi-é-**ba**-nt
Futur I	vocá-**b**-o vocá-**b**-i-s vocá-**b**-i-t vocá-**b**-i-mus vocá-**b**-i-tis vocá-**b**-u-nt	vidé-**b** -o vidé-**b**-i-s vidé-**b**-i-t vidé-**b**-i-mus vidé-**b**-i-tis vidé-b-u-nt	audi-**a**-m audi-**e**-s audi-**e**-t audi-**é**-mus audi-**é**-tis audi-**e**-nt	mitt-**a**-m mitt-**e**-s mitt-**e**-t mitt-**é**-mus mitt-**é**-tis mitt-**e**-nt	capi-**a**-m capi-**e**-s capi-**e**-t capi-**é**-mus capi-**é**-tis capi-**e**-nt
Konj. Präs.	voc-**e**-m voc-**e**-s voc-**e**-t voc-**é**-mus voc-**é**-tis voc-**e**-nt	vide-**a**-m vide-**a**-s vide-**a**-t vide-**á**-mus vide-**á**-tis vide-**a**-nt	audi-**a**-m audi-**a**-s audi-**a**-t audi-**á**-mus audi-**á**-tis audi-**a**-nt	mitt-**a**-m mitt-**a**-s mitt-**a**-t mitt-**á**-mus mitt-**á**-tis mitt-**a**-nt	capi-**a**-m capi-**a**-s capi-**a**-t capi-**á**-mus capi-**á**-tis capi-**a**-nt
Konj. Impf.	vocá-**re**-m vocá-**re**-s vocá-**re**-t voca-**ré**-mus voca-**ré**-tis vocá-**re**-nt	vidé-**re**-m vidé-**re**-s vidé-**re**-t vide-**ré**-mus vide-**ré**-tis vidé-**rent**	audí-**re**-m audí-**re**-s audí-**re**-t audi-**ré**-mus audi-**ré**-tis audí-**re**-nt	mítt-e-**re**-m mítt-e-**re**-s mítt-e-**re**-t mitt-e-**ré**-mus mitt-e-**ré**-tis mítt-e-**re**-nt	cápe-**re**-m cápe-**re**-s cápe-**re**-t cape-**ré**-mus cape-**ré**-tis cápe-**re**-nt
Imperativ	voca vocá-**te**	vide vidé-**te**	audi audí-**te**	mitte mítt-i-**te**	cape cápi-**te**
Inf. Präs.	vocá-**re**	vidé-**re**	audí-**re**	mítt-e-**re**	cáp-e-**re**
Gerundium Akk. Dat. Abl. Gen.	 voca-**nd**-um voca-**nd**-o voca-**nd**-o voca-**nd**-i	 vide-**nd**-um vide-**nd**-o vide-**nd**-o vide-**nd**-i	 audi-e-**nd**-um audi-e-**nd**-o audi-e-**nd**-o audi-e-**nd**-i	 mitt-e-**nd**-um mitt-e-**nd**-o mitt-e-**nd**-o mitt-e-**nd**-i	 capi-e-**nd**-um capi-e-**nd**-o capi-e-**nd**-o capi-e-**nd**-i
Part. Präs. Nom. Gen.	 voca-**ns** voca-**nt**-is	 vide-**ns** vide-**nt**-is	 audi-e-**ns** audi-e-**nt**-is	 mitt-e-**ns** mitt-e-**nt**-is	 capi-e-**ns** capi-e-**nt**-is

b) Passiv

Stamm	a-Konjug.	e-Konjug.	i-Konjug.	kons.Konjug.	kurzv.Konjug.
Ind. Präs.	voc -or voca-ris voca-tur voca-mur vocá-mini voca-ntur	vide-or vide-ris vide-tur vide-mur vidé-mini vide-ntur	audi-or audi-ris audi-tur audi-mur audi-mini audi-u-ntur	mitt -o mitt-e-ris mitt-i-tur mitt-i-mur mitt-í-mini mitt-u-ntur	capi-or cape-ris capi-tur capi-mur capí-mini capi-u-ntur
Ind. Impf.	vocá-**ba**-r voca-**bá**-ris voca-**bá**-tur voca-**bá**-mur voca-**bá**-mini voca-**bá**-ntur	vidé-**ba**-r vide-**bá**-ris vide-**bá**-tur vide-**bá**-mur vide-**bá**-mini vide-**bá**-ntur	audi-é-**ba**-r audi-e-**bá**-ris audi-e-**bá**-tur audi-e-**bá**-mur audi-e-**bá**-mini audi-e-**bá**-ntur	mitt-é-**ba**-r mitt-e-**bá**-ris mitt e-**bá**-tur mitt-e-**bá**-mur mitt-e-**bá**-mini mitt-e-**bá**-ntur	capi-é-**ba**-r capi-e-**bá**-ris capi-e-**bá**-tur capi-e-**bá** mur capi-e-**bá**-mini capi-e-**bá**-ntur
Futur I	vocá-**b**-or vocá-**b**-e-ris vocá-**b**-i-tur vocá-**b**-i-mur voca-**b**-í-mini voca-**b**-ú-ntur	vidé-**b** -or vidé-**b**-e-ris vidé-**b**-i-tur vidé-**b**-i-mur vide-**b**-í-mini vide-**b**-ú-ntur	audi-**a**-r audi-**é**-ris audi-**é**-tur audi-**é**-mur audi-**é**-mini audi-**é**-ntur	mitt-**a**-r mítt-**e**-ris mitt-**é**-tur mitt-**é**-mur mitt-**é**-mini mitt-**é**-ntur	capi-**a**-r capi-**é**-ris capi-**é**-tur capi-**é**-mur capi-**é**-mini capi-**é**-ntur
Konj. Präs.	voc-**e**- r voc-**é**-ris voc-**é**-tur voc-**é**-mur voc-**é**-mini voc-**é**-ntur	víde-**a**-r vide-**á**-ris vide **á**-tur vide-**á**-mur vide-**á**-mini vide-**á**-ntur	audi-**a**-r audi-**á**-ris audi-**á**-tur audi-**á**-mur audi-**á**-mini audi-**á**-ntur	mitt-**a**-r mitt-**á**-ris mitt-**á**-tur mitt-**á**-mur mitt-**á**-mini mitt-**á**-ntur	capi-**a**-r capi-**á**-ris capi-**á**-tur capi-**á**-mur capi-**á**-mini capi-**á**-ntur
Konj.Impf.	vocá-**re**-r voca-**ré**-ris vocá-**ré**-tur voca-**ré**-mur voca-**ré**-mini voca-**ré**-ntur	vidé-**re**-r vide-**ré**-ris vide-**ré**-tur vide-**ré**-mur vide-**ré**-mini vide-**ré**-ntur	audí-**re**-r audi-**ré**-ris audi-**ré**-tur audi-**ré**-mur audi-**ré**-mini audi-**ré**-ntur	mítt-e-**re**-r mitt-e-**ré**-ris mitt-e-**ré**-tur mitt-e-**ré**-mur mitt-e-**ré**-mini mitt-e-**ré**-ntur	cápe-**re**-r cape-**ré**-ris cape-**ré**-tur cape-**ré**-mur cape-**ré**-mini cape-**ré**-ntur
Imperativ	--- ---	--- ---	--- ---	--- ---	--- ---
Inf. Präs.	voca-**ri**	vidé-**ri**	audí-**ri**	mitt-**i**	cap-**i**
Gerundivum	voca- **nd**-us, a, um	vide-**nd**-us a, um	audi-e-**nd**-us a, um	mitt-e-**nd**-us a, um	capi-e-**nd** us a, um

⇒ *Schreibweise der Formen in der Tabelle:*
Trennung (–) der Morpheme: voca-re-ris; voca- : Stamm, -re- Infix, -ris: Personenendung
fett: voca-**ba**-m: -**ba**-: Tempus- oder Moduszeichen
Akzent (´): voca-bá-mus: -bá-: Betonung der Silbe.

Die Formen des Perfekt- und des Partizipstammes

	a) Aktiv	b) Passiv
Ind. Perf.	vocáv-**i** vocav-**ísti** vocáv-**it** vocáv-**imus** vocav-**ístis** vocav-**érunt**	voca-tus. a, um voca-tus, a, um voca-tus, a, um est voca-ti, ae, a sumus voca-ti, ae, a estis voca-ti. ae, a sunt
Ind. Plusq.	vocáv-**era**-m vocáv-**era**-s vocáv-**era**-t vocav-**erá**-mus vocav-**erá**-tis vocáv-**era**-nt	voca-tus, a, um eram voca-tus, a, um eras voca-tus, a, um erat voca-ti, ae, a eramus voca-ti, ae, a eratis voca-ti, ae, a erant
Fut. II	vocáv-**er**-o vocáv-**eri**-s vocáv-**eri**t vocav-**éri**-mus vocav-**éri**-tis vocáv-**eri**-nt	voca-tus, a, um ero voca-tus, a, um eris voca-tus, a, um erit voca-ti, ae, a erimus voca-ti, ae, a eritis voca-ti, ae, a erunt
Konj. Perf.	vocáv-**eri**-m vocáv-**eri**-s vocáv-**eri**-t vocav-**éri**-mus vocav-**éri**-tis vocáv-**eri**-nt	voca-tus, a, um sim voca-tus, a, um sis voca-tus, a, um sit voca-ti, ae, a simus voca-ti, ae, a sitis voca-ti, ae, a sint
Konj. Plusq.	vocav-**ísse**-m vocav-**ísse**-s vocav-**ísse**-t vocav-**issé**-mus vocav-**issé**-tis vocav-**ísse**-nt	voca-tus, a, um essem voca-tus, a, um esses voca-tus, a, um esset voca-ti, ae, a essemus voca-ti, ae, a essetis vocati, ae, a essent
Inf. Perf. Inf. Fut.	vocav-isse voca-turus,a,um esse	vocatus, a, um esse voca-tum iri
Part. Perf. Part. Fut.	 voca-turus, a, um	voca-tus, a, um

Unregelmäßige Verben

esse **sum, fui, -, futurus, a, um** **sein**

a) Präsenstamm

Ind. Präs.	Ind. Impf.	Fut. I	Konj. Präs.	Konj. Impf.	Imp. I	Imp. II
s-u-m	er-**a**-m	er- o	s-**i**-m	es-**se**-m		
es	er-**a**-s	er-i-s	s-**i**-s	es-**se**-s	es	es-to
es-t	er-**a**-t	er-i-t	s-**i**-t	es-**se**-t		es-to
s-u-mus	er-**á**-mus	ér-i-mus	s-**i**-mus	es-**sé**-mus		es-tote
es-tis	er-**á**-tis	ér-i-tis	s-**i**-tis	es-**sé**-tis	es-te	
s-u-nt	er-**a**-nt	er-u-nt	s-**i**-nt	es-**se**-nt		s-u-nto

b) Perfektstamm

Ind. Perf.	Ind. Plusq.	Fut. II	Konj. Perf.	Konj. Plusq.	Inf. Perf. u. Fut. Akt.
fu-i	fu-**era**-m	fu-**er**-o	fu-**eri**-m	fu-**isse**-m	fu-isse
fu-isti	fu-**era**-s	fu-**eri**-s	fu-**eri**-s	fu-**isse**-s	fu-turus, a, um esse
usw.	usw.	usw.	usw.	usw.	

posse **possum, potui, -** **können**

a) Präsenstamm

Ind. Präs.	Ind. Impf.	Fut. I	Konj. Präs.	Konj. Impf.
pos-sum	pot-**era**-m	pot-**er**-o	pos-s**i**m	pos-**se**m
pot-es	pot-**era**-s	pot-**eri**-s	pos-s**i**s	pos-**se**s
pot-est	pot-**era**-t	pot-**eri**-t	pos-s**i**t	pos-**se**t
pos-sumus	pot-**erá**-mus	pot-**éri**-mus	pos-s**i**mus	pos-**sé**mus
pot-estis	pot-**erá**-tis	pot-**éri**-tis	pos-s**i**tis	pos-**sé**tis
pos-sunt	pot-**era**-nt	pot-**er**-u-nt	pos-s**i**nt	pos-**se**nt

b) Perfektstamm: **potu-i** ~ **fu-i** usw.

ferre **fero, tuli, latum** **tragen, bringen, ertragen**

a) Präsensstamm fer-:

Aktiv

Ind. Präs.	Ind. Impf.	Fut. I	Konj. Präs.	Konj. Impf.	Imp.	Inf. Präs.:
fer- o	fer-é-**ba**-m	fer-**a**-m	fer-**a**-m	fer-**re**-m		fer-re
fer- s	fer-é-**ba**-s	fer-**e**-s	fer-**a**-s	fer-**re**-s	fer	Part.Präs.
fer- t	fer-é-**ba**-t	fer-**e**-t	fer-**a**-t	fer-**re**-t		fer-e-**ns**,
fer-i-mus	fer-e-**bá**-mus	fer-**é**-mus	fer-**á**-mus	fer-**ré**-mus		tis
fer- tis	fer-e-**bá**-tis	fer-**é**-tis	fer-**á**-tis	fer-**ré**-tis	fer-te	Gerundium
fer-u-nt	fer-e-**bá**-nt	fer-**e**-nt	fer-**a**-nt	fer-**re**-nt		fer-e-**nd**-i

Passiv

Ind. Präs.	Ind. Impf.	Fut. I	Konj. Präs.	Konj. Impf	Inf. Präs.:
fer- or	fer-é-**ba**-r	fer-**a**-r	fer-**a**-r	fer-**re**-r	fer-ri
fer- ris	fer-é-**ba**-ris	fer-**é**-ris	fer-**á**-ris	fer-**ré**-ris	Gerundivum:
fer- tur	fer-é-**ba**-tur	fer-**é**-tur	fer-**á**-tur	fer-**ré**-tur	fer-e-**nd**-us,a,um
fér-i-mur	fer-e-**bá**-mur	fer-**é**-mur	fer-**á**-mur	fer-**ré**-mur	
fer-í-mini	fer-e-**bá**-mini	fer-**é**-mini	fer-**á**-mini	fer-**ré**-mini	
fer-ú-ntur	fer-e-**bá**-ntur	fer-**é**-ntur	fer-**á**-ntur	fer-**ré**-ntur	

ire **eo, ii, itum** **gehen**

a) Präsensstamm

Ind. Präs.	Ind. Impf.	Fut. I	Konj. Präs.	Konj. Impf.	Imp.	Inf.Akt. / Pass.:
e-o	i-**ba**-m	i-**b**-o	e-**a**-m	i-**re**-m		i-re /i-ri
i-s	i-**ba**-s	i-**b**-i-s	e-**a**-s	i-**re**-s	i	Gerd./Gerdivum:
i-t	i-**ba**-t	i-**b** i-t	e-**a**-t	i-**re**-t		e-u-**nd**-i/e-u-**nd**um
i-mus	i-**bá**-mus	í-**b**-i-mus	e-**á**-mus	i-**ré**-mus		Part.Präs.
i-tis	i-**bá**-tis	í-**b**-i-tis	e-**á**-tis	i-**ré**-tis	i-te	i-e-**ns**,e-u-**nt**-is
e-u-nt	i-**ba**-nt	i-**b**-u-nt	e-**a**-nt	i-**re**-nt		

b) Perfektstamm

Ind. Präs.	Ind. Impf.	Fut. I	Konj. Präs.	Konj. Impf.	Inf.Perf. Akt.u.Pass.:
i-i	í-**era**-m	í-**er**-o	í-**eri**-m	**isse**-m	is-se / itum esse
i-sti	i.**era**-s	i.**er**-i-s	i.**eri**-s	**isse**-s	Inf. Fut. Akt.u.Pass.:
i-it	i-**era**-t	i-**er**-i-t	i-**eri**-t	**isse**-t	i-turus,-a,-um esse
i-imus	i-**erá**-mus	i-**ér**-i-mus	i-**éri**-mus	**issé**-mus	i-tum iri
i-stis	i-**erá**-tis	i-**ér**-i-tis	i-**éri**-tis	**issé**-tis	
i-érunt	í-**era**-nt	í-**er**-i-nt	í-**eri**-nt	**isse**-nt	

⇒ Als intransitives Verb kann ire nur ein unpersönliches Passiv bilden:
îtur man geht, itum est man ist gegangen.

fieri **fio, factus sum** **werden, geschehen, gemacht werden**

a) Präsensstamm

Ind. Präs.	Ind. Impf.	Fut. I	Konj. Präs.	Konj. Impf.
fi-o	fi-é-**ba**-m	fi-**a**-m	fi-**a**-m	fí-**e**-**re**-m
fi-s	fi-é-**ba**-s	fi-**e**-s	fi-**a**-s	fí-**e**-**re**-s
fi-t	fi-é-**ba**-t	fi-**e**-t	fi-**a**-t	fí-**e**-**re**-t
fi-mus	fi-e-**bá**-mus	fi-**é**-mus	fi-**á**-mus	fi-**e**-**ré**-mus
fi-tis	fi-e-**bá**-tis	fi-**é**-tis	fi-**á**-tis	fi-**e**-**ré**-tis
fi-u-nt	fi-é-**ba**-nt	fi-**e**-nt	fi-**a**-nt	fí-**e**-**re**-nt

b) Perfektsystem: mit Part. Perf. Pass. von facere: factus

Ind. Perf.	Ind. Impf.	Fut. II	Konj. Perf.	Konj. Plusq.
factus,a,um sum	factus,a,um eram	factus,a,um ero	factus,a,um sim	factus,a,um essem
usw.	usw.	usw.	usw.	usw.

Inf. Perf.: factus, a, um esse
Inf. Fut.: facturus, a, um esse bzw. fore; factum iri = Inf. Pass. zu fieri als Passiv zu facere.

velle	**volo, volui, -**	**wollen**
nolle	**nolo, nolui**	**nicht wollen**
malle	**malo, malui, -**	**lieber wollen**

a) Präsensstamm

Ind. Präs.	Ind. Impf.	Fut. I	Konj. Präs.	Konj. Impf.	Imp.
vol- o	vol-e-**ba**-m	vol-**a**-m	vel-**i**-m	vel-**le**-m	-
vi- s	vol-e-**ba**-s	vol-**e**-s	vel-**i**-s	vel-**le**-s	-
vul- t	vol-e-**ba**-t	vol-**e**-t	vel-**i**-t	vel-**le**-t	-
vol-u-mus	vol-e-**ba**-mus	vol-**e**-mus	vel-**i**-mus	vel-**le**-mus	-
vul- tis	vol-e-**ba**-tis	vol-**e**-tis	vel-**i**-tis	vel-**le**-tis	-
vol-u-nt	vol-e-**ba**-nt	vol-**e**-nt	vel-**i**-nt	vel-**le**-nt	-
nol- o	nol-e-**ba**-m	nol-**a**-m	nol-**i**-m	nol-**le**-m	-
non vis	nol-e-**ba**-s	nol-**e**-s	nol-**i**-s	nol-**le**-s	nol-**i**
non vult	nol-e-**ba**-t	nol-**e**-t	nol-**i**-t	nol-**le**-t	-
nol-u-mus	nol-e-**ba**-mus	nol-**e**-mus	nol-**i**-mus	nol-**le**-mus	nol-**i**-te
non vultis	nol-e-**ba**-tis	nol-**e**-tis	nol-**i**-tis	nol-**le**-tis	
nol-u-nt	nol-e-**ba**-nt	nol-**e**-nt	nol-**i**-nt	nol-**le**-nt	
mal- o	mal-e-**ba**-m	mal-**a**-m	mal-**i**-m	mal-**le**-m	-
mavi- s	mal-e-**ba**-s	mal-**e**-s	mal-**i**-s	mal-**le**-s	-
mavul-t	mal-e-**ba**-t	mal-**e**-t	mal-**i**-t	mal-**le**-t	-
mal-u-mus	mal-e-**ba**-mus	mal-**e**-mus	mal-**i**-mus	mal-**le**-mus	-
mavul-tis	mal-e-**ba**-tis	mal-**e**-tis	mal-**i**-tis	mal-**le**-tis	-
mal-u-nt	mal-e-**ba**-nt	mal-**e**-nt	mal-**i**-nt	mal-**le**-nt	-

Inf. Präs. Akt.	Part. Präs. Akt
vel-le	vol-e-**ns**, vol-e-**nt**-is
nol-le	nol-e-**ns**, nol-e-**nt**-is
mal-le	mal-e-**ns**, mal-e-**nt**-is

⇒ nolo, nolumus, nolunt ← * non volo, * non volumus, * non volunt
malo, mavis usw. ← * magis volo, * magis vis usw.

Tabelle II
Die Deklination des Nomens

Substantiv

Substantive der o- und der a-Deklination

amicus Freund — consilium Rat, Beschluß — porta Tür

	Maskulina		Neutra		Feminina	
	Sing.	Plur.	Sing.	Plur.	Sing.	Plur.
Nom.	amic**us**	amic**i**	consili**um**	consili**a**	port**a**	port**ae**
Akk.	amic**um**	amic**os**	consili**um**	consili**a**	port**am**	port**as**
Dat.	amic**o**	amic**is**	consili**o**	consili**is**	port**ae**	port**is**
Abl.	amic**o**	amic**is**	consili**o**	consili**is**	port**a**	port**is**
Gen.	amic**i**	amic**orum**	consili**i**	consili**orum**	port**ae**	port**arum**

puer Junge — liber Buch

	Sing.	Plur.	Sing.	Plur.
Nom	puer	puer**i**	liber	libr**i**
Akk.	pueri	puer**orum**	liberi	libr**orum**
	usw.	usw.	usw.	usw.

Substantive der u-Deklinmation

portus Hafen

	Maskulina	
	Sing.	Plur.
Nom.	port**us**	port**us**
Akk.	port**um**	port**us**
Dat.	port**ui** (-**u**)	port**ibus**
Abl.	port**u**	port**ibus**
Gen.	port**us**	port**uum**

Substantive der e-Deklination

res Sache

	Femina	
	Sing.	Plur.
Nom.	**res**	**res**
Akk.	**rem**	**res**
Dat.	**rei**	**rebus**
Abl.	**re**	**rebus**
Gen.	**rei**	**rerum**

Substanive der konsonantischen Deklination

civitas Bürgerschaft, -gemeinde — nomen Name

	Feminina und Maskulina		Neutra	
	Sing.	Plur.	Sing.	Plur.
Nom.	civit**as**	civitat**es**	nomen	nomin**a**
Akk.	civitat**em**	civitat**es**	nomen	nomin**a**
Dat.	civitat**i**	civitat**ibus**	nomin**i**	nomin**ibus**
Abl..	civitat**e**	civitat**ibus**	nomin**e**	nomin**ibus**
Gen.	civitat**is**	civitat**um**	nomin**is**	nomin**um**

Substantive der i-Deklination

securis Beil mare Meer

	Femina		Neutra	
	Sing.	Plur.	Sing.	Plur.
Nom.	secur**is**	secur**es**	mar**e**	mar**ia**
Akk.	secur**im**	secur**es**	mar**e**	mar**ia**
Dat.	secur**i**	secur**ibus**	mar**i**	mar**ibus**
Abl.	secur**i**	secur**ibus**	mar**i**	mar**ibus**
Gen.	secur**is**	secur**ium**	mar**is**	mar**ium**

Substantive der gemischten Deklination

civis Bürger pars Teil, Seite, Richtung

	Femina und Maskulina			
	Einsilbige Stämme		Mehrsilbige Stämme	
	Sing.	Plur.	Sing.	Plur.
Nom.	civ**is**	civ**es**	pars	part**es**
Akk.	civ**em**	civ**es**	part**em**	part**es**
Dat.	civ**i**	civ**ibus**	part**i**	part**ibus**
Abl.	civ**e**	civ**ibus**	part**e**	part**ibus**
Gen.	civ**is**	civ**ium**	part**is**	part**ium**

cor Herz

	Neutra	
	Sing.	Plur.
Nom.	cor	cord**a**
Akk.	cor	cord**a**
Dat.	cord**i**	cord**ibus**
Abl.	cord**e**	cord**ibus**
Gen.	cord**is**	cord**ium**

Adjektiv

Adjektive der o- und a-Deklination

longus, longa, longum   lang

	Singular			Plural		
	m	f	n	m	f	n
Nom.	long**us**	long**a**	long**um**	long**i**	long**ae**	long**a**
Akk.	long**um**	long**am**	long**um**	long**os**	long**as**	long**a**
Dat.	long**o**	long**ae**	long**o**	long**is**	long**is**	long**is**
Abl.	long**o**	long**a**	long**o**	long**is**	long**is**	long**is**
Gen.	long**i**	long**ae**	long**i**	long**orum**	long**arum**	long**orum**

liber, libera, liberum   frei

	Singular		
	m	f	n
Nom.	liber	liber**a**	liber**um**
Akk.	liber**um**	liber**am**	liber**um**
usw.	usw.	usw.	usw.

pulcher, pulchra, pulchrum   schön

	Singular		
	m	f	n.
Nom	pulcher	pulchr**a**	pulchr**um**
Akk.	pulchr**um**	pulchr**am**	pulchr**um**
usw.	usw.	usw.	usw.

Adjektive der konsonantischen Deklination

vetus, Gen. veteris   alt

	Singular			Plural		
	m / f	m / f / n	n	m / f	m / f / n	n
Nom.	vetus		vetus	veter**es**		veter**a**
Akk.	veter**em**		vetus	veter**es**		veter**a**
Dat.		veter**i**			veter**ibus**	
Abl.		veter**e**			veter**ibus**	
Gen.		veter**is**			veter**um**	

Adjektive der i-Deklination

a) mit drei Endungen

celer, celeris, celere schnell

	Singular			Plural		
	m	f	n	m / f	m / f / n	n
Nom.	celer	celer**is**	celer**e**	celer**es**		celer**ia**
Akk.	celer**em**	celer**em**	celer**e**	celer**es**		celer**ia**
Dat.		celer**i**			celer**ibus**	
Abl.		celer**i**			celer**ibus**	
Gen.		celer**is**			celer**ium**	

b) Adjektive mit zwei Endungen

fortis, forte tapfer

	Singular			Plural		
	m / f	m / f / n	n	m / f	m / f / n	n
Nom.	fort**is**		fort**e**	fort**es**		fort**ia**
Akk.	fort**em**		fort**e**	fort**es**		fort**ia**
Dat.		fort**i**			fort**ibus**	
Abl.		fort**i**			fort**ibus**	
Gen.		fort**is**			fort**ium**	

c) Adjektive mit einer Endung

audax, Gen. audacis kühn, frech

	Singular			Plural		
	m / f	m / f / n	n	m / f	m / f / n	n
Nom.	audax		audax	audac**es**		audac**ia**
Akk.	audac**em**		audax	audac**es**		audac**ia**
Dat.		audac**i**			audac**ibus**	
Abl.		audac**i**			audac**ibus**	
Gen.		audac**is**			audac**ium**	

Steigerung der Adjektive

a) Adjektive der o / a-Deklination auf –**us**. –**a**, -**um** und der kons. und i-Deklination

Positiv	Akkusativ	**Komparativ**	**Superlativ**
longus	long-**em**	long**ior**, long**ius**	long**issimus. a, um**
dives	divit-**em**	divit**ior**, diviti**us**	divit**issimus, a, um**
audax	audac-**em**	audac**ior**,audac**ius**	audac**issimus, a, um**

b) Adjektive auf –**er**

Positiv	Akkusativ	**Komparativ**	**Superlativ**
miser	miser-**um**	miser**ior**, miser**ius**	miser**rimus, a, um**
pulcher	pulchr-**um**	pulchr**ior**, pulchr**ius**	pulcher**rimus, a, um**
celer	celer-**em**	celer**ior**, celer**ius**	celer**rimus, a, um**

Deklination des Komparativs

	Singular			Plural		
	m / f	m / f / n	n	m. / f	m / f / n.	n
Nom.	longior		longius	longio**res**		longiora
Akk.	longio**rem**		longius	longio**res**		longio**ra**
Dat.		longiori			longio**ribus**	
Abl.		longiori			longio**ribus**	
Gen.		longior**is**			longior**um**	

Adverb

a) Adjektive der o-/a-Deklination

Adjektiv	Akkusativ	**Adverb**
longus	long-**um**	long**e**
miser	miser-**um**	miser**e**
pulcher	pulchr-**um**	pulchr**e**

b) Adjektive der i-Deklination

Adjektiv	Akkusativ	**Adverb**
celer	celer-**em**	celer**iter**
fortis	fort-**em**	fort**iter**
audax	audac-**em**	audac**ter**

Tabelle III
Die Deklination des Pronomens

Das Personalpronomen

	1. Pers.	2. Pers.	3. Pers.
Sg. Nom	ego	tu	--
Akk.	me	te	se
Dat.	mihi	tibi	sibi
Abl.	me	te	se
Gen.	mei	tui	sui
Pl. Nom.	nos	vos	--
Akk.	nos	vos	se
Dat.	nobis	vobis	sibi
Abl.	nobis	vobis	se
Gen.	nostri	vestri	sui
Gen.part.	nostrum	vestrum	--

Das Possessivpronomen

	1. Pers.	2. Pers.	3. Pers.
Singular	meus, mea, meum	tuus, tua, tuum	suus, sua, suum
Plural	noster, nostra, nostrum	vester, vestra, vestrum	suus, sua, suum

Die Demonstrativpronomina

	Singular			Plural		
	m	f m / f / n	n	m	f m / f / n	n
Nom.	**is**	**ea**	**id**	**ei (ii)**	**eae**	**ea**
Akk.	**eum**	**eam**	**id**	**eos**	**eas**	**ea**
Dat.		**ei**			**eis (iis)**	
Abl.	**eo**	**ea**	**eo**		**eis (iis)**	
Gen.		**eius**		**eorum**	**earum**	**eorum**

	Singular			Plural		
	m	f m / f / n	n	m	f m / f / n	n
Nom.	hic	h**aec**	hoc	h**i**	h**ae**	haec
Akk.	h**unc**	h**anc**	hoc	hos	h**as**	haec
Dat.		huic			h**is**	
Abl.	hoc	hac	hoc		h**is**	
Gen.		hu**ius**		h**orum**	h**arum**	h**orum**

	Singular			Plural		
	m	f m / f / n	n	m	f m / f / n	n
Nom.	ille	ill**a**	ill**ud**	ill**i**	ill**ae**	ill**a**
Akk.	ill**um**	ill**am**	ill**ud**	ill**os**	ill**as**	ill**a**
Dat.		ill**i**			ill**is**	
Abl.	ill**o**	ill**a**	ill**o**		ill**is**	
Gen.		ill**ius**		ill**orum**	ill**arum**	ill**orum**

Das Interrogativpronomen
a) substantivisch

	m	m / n	n
Nom.	quis		quid
Akk.	quem		quid
Dat.		cui	
Abl.		quo	
Gen.		cuius	

⇒ **b) Das adjektivische Interrogativpronomen**
qui,? quae? quod? welcher? welche? welches?
wird wie das Relativpronomen gebildet.

Das Relativpronomen

	Singular			Plural		
	m	f m / f / n	n	m	f m / f / n	n
Nom.	qui	quae	quod	qui	quae	quae
Akk.	quem	quam	quod	quos	quas	quae
Dat.		cui			quibus	
Abl.	quo	qua	quo		quibus	
Gen.		cuius		quorum	quarum	quorum

Das Indefinitpronomen

substantivisch	adjektivisch
quis, quid aliquis, aliquid	qui, qua, quod aliqui, aliqua, aliquod
quisquam, quidquam	ullus, ulla, ullum

⇒ quis, quid; qui, qua, quod stehen nur in einigen Nebensatzarten:
Merkvers: si , nisi, ne, num, cum (und Relativ- und Fragepronomen)
stoßen ali- um.

⇒ quisquam, quidquam; ullus, ulla, ullum stehen in verneinten Sätzen oder Sätzen mit verneintem Sinn.

⇒ Alle übrigen Indefinitpronomina werden dekliniert wie quis, quid; qui, quae, quod:

substantivisch:	adjektivisch:	
quisque, quidque;	quique, quaeque, quodque	jeder
quidam, quaedam, quiddam;	quidam, quaedam, quoddam:	ein gewisser, ein
unusquisque, unumquidque;	unusquisque, unaquaeque, umumquodque:	jeder einzelne
quilibet, quaelibet, quidlibet;	quilibet, quaelibet, quodlibet:	jeder beliebige
quivis, quaevis, quidvis;	quivis, quaevis, quodvis:	jeder beliebige.

Cicero

I Ciceros Lebenslauf

Kindheit und Jugend

106 M. Tullius Cicero wurde am 3. Januar 106 v. Chr. in der Landstadt Arpinum 100 km südöstlich von Rom geboren. Seine Familie war dort seit Generationen ansässig und gehörte zum alten Landadel. Der Einfluß der griechischen Kultur in Italien seit der Mitte des 2. Jhs. bewirkte auch hier, daß einige Mitglieder betont bäuerlich-konservativ, andere dagegen in griechischer Literatur gebildet waren, wie z.B. Ciceros Großvater und Vater. Der Vater sorgte daher auch für die Ausbildung seiner Söhne in Rom:

90-82 Die Ausbildung bezog sich vor allem auf die Jurisprudenz. Bei angesehenen römischen Rechtsgelehrten nahmen die jungen Leute an den Rechtsberatungen in den Häusern der Juristen und an Prozessen auf dem Forum teil und lernten so in der Praxis an Einzelfällen das vielfältige römische Rechts- und Staatsleben kennen. Außerdem besuchten sie die Vorträge griechischer Redelehrer und wurden in der Abfassung und dem Vortrag fiktiver Reden anhand der zweihundertjährigen Theorie der Rhetorik geübt. Darüberhinaus aber beschäftigte sich der junge Marcus intensiv mit den Lehren der griechischen Philosophie, von denen er der platonischen vor der aristotelischen, epikureischen und stoischen wegen ihrer skeptischen, undogmatischen Haltung den Vorzug gab.
Die politischen Unruhen beeinflußten diese Studien kaum. Zwar hatte Cicero gegen Ende des Bundesgenossenkriegs im Jahre 89 im Heer des Cn. Pompeius Strabo, des Vaters von Pompeius, gedient und unter Sulla an der Eroberung der Stadt Nola teilgenommen. Aber eine militärische Karriere hatte sich daraus keineswegs ergeben, und die Wirren der Proskriptionen im Bürgerkrieg zwischen Marius und Sulla störten Ciceros Lerneifer und -erfolge nicht.

Erste Phase der öffentlichen Wirksamkeit: Anwalt und Politiker

81-80 Im Anschluß an die gründliche Ausbildung in Rhetorik und Philosophie begann Cicero sogleich, sich als Anwalt in Prozessen auf dem Forum zu betätigen: Im Jahre 81 übernahm er die Verteidigung in einer Privatsache, 80 in einem Strafprozeß und setzte sich in beiden Fällen durch, wie er überhaupt und erst recht später niemals in seinen zahlreichen Prozeßreden eine Niederlage erlitt.

79-77 Wegen seiner schwachen Gesundheit und um seine Sprechtechnik zu verbessern, machte Cicero eine zweijährige Erholungs- und Bildungsreise nach Griechenland und Kleinasien. Gestärkt und mit einem gegenüber seiner früheren überschwenglichen Redeweise vereinfachten Stil kehrte er nach Rom zurück.
Er heiratete eine wohlhabende Adlige, Terentia; im gleichen Jahr wurde seine Tochter Tullia geboren.
Im übrigen aber widmete er sich nun neben seiner Anwaltstätigkeit vor allem seiner politischen Karriere, an der ihm besonders deswegen gelegen war, weil er sich als "Emporkömmling" (homo novus) im Kreis der Senatsaristokratie durchsetzen und zugleich seine Vorstellungen vom "guten Staatsbürger" (vir bonus) im Parteienstreit durchsetzen wollte.

Er absolvierte alle Staatsämter:

75 Als Quästor folgte er einem der Proprätoren nach Sizilien. Er hatte dafür zu sorgen, daß die Bauern den Getreidezehnten ablieferten und, da dies den Bedarf in Rom nicht deckte, Zwangsaufkäufe durchzuführen. Diese Aufgaben führte er durch, ohne sich in der sonst üblichen Weise bestechen lassen und sich so zu bereichern.
Den Dank dafür erntete er einige Jahre später, als die Sizilier ihn um Vetretung ihrer Klage gegen den Proprätor Verres wegen Erpressung baten; Verres hatte in seiner infolge der Sklavenaufstände verlängerten Amtszeit von 73-71 die Insel schmählich ausgebeutet. Dieser Prozeß begründete Ciceros Ruf als des ersten Redners seiner Zeit: Er legte das äußerst rasch erhobene Beweismaterial so überzeugend dar, daß der Angeklagte noch während der Prozeßdauer freiwillig in Verbannung ging.

69 Aus seiner Tätigkeit als Ädil ist nur überliefert, daß er öffentliche Spiele abhalten ließ; ob er sich auch um den zweiten, wegen der Piratenplage vordringlicheren Aufgabenbereich der Getreideversorgung gekümmert hat, ist nicht bekannt, aber wahrscheinlich.

66 Als Prätor war er Vorsitzender des Geschworenengerichts für Erpressung (de pecuniis repetundis). Zudem mischte er sich immer stärker in die politischen Verhältnisse ein: Er hielt eine Rede für die Erlangung einer Sondervollmacht für Pompeius, der nach seinen Siegen über die Sklaven (71) und die Piraten (67) den Oberbefehl gegen Mithridates IV., den König von Pontos in Kleinasien, bekommen sollte und bekam.

63 Als Konsul übernahm Cicero weiterhin Plädoyers, die er im Jahre 60 in einem Corpus "Konsularische Reden" (orationes consulares) edierte. Immer wieder beschwor er in ihnen die "Eintracht der aller gutgesonnenen Bürger" (consensus omnium bonorum); er meinte, ein gemeinsames Vorgehen der verfassungstreuen Optimaten gegen die Auswüchse innerhalb der Senatsregierung und gegen die Popularen, vor alle Caesar und seine Anhänger, könnten die Ruhe im Staat erhalten. Aber seine Amtszeit war überschattet von der Revolution des Extremisten L. Sergius Catilina, der einen Putsch gegen den Senat und die Ermordung des Konsuls plante. Cicero deckte die Verschwörung auf. Durch Aufsehen erregende Reden im Senat (in Catilinam) erreichte er, daß sich Catilina aus Rom zurückzog und einige Anhänger gefangengenommen und hingerichtet wurden. Gerade dieses nach römischem Recht ungesetzliche Vorgehen - ein römischer Bürger durfte vor seiner gerichtlich erfolgten Verurteilung nicht inhaftiert und erst recht nicht hingerichtet werden - trug Cicero später die Verbannung ein.

Zweite Phase der öffentlichen Wirksamkeit: Schriftsteller

Zu seinem Leidwesen konnte Cicero den Erfolg, den er mit der Niederschlagung des Putsches errungen zu haben glaubte, nicht genießen: Er zog nicht als "Führer der Senatspartei" (princeps senatus) in den Senat ein. Denn die Ereignisse wurden immer stärker von Caesar bestimmt. 60 brachte dieser das Bündnis mit Pompeius und dem reichen Crassus zustande, das ihm 59 das Konsulat und 58-50 die Verwaltung der Provinzen Gallia cisalpina, Illyricum und Gallia Narbonensis verschaffte.
Zwar sprach sich Cicero im Jahr der Konferenz von Luca (56), in der Caesar sich die Verwaltung seiner Provinzen hatte verlängern lassen, noch für Caesar aus in einer Rede über die Konsularprovinzen, aber er konnte und wollte nicht eindeutig für ihn Stellung beziehen.

58-57 Vielmehr mußte er auf Antrag des Senats wegen ungesetzlicher Tötung von Bürgern in die Verbannung. Sein Haus auf dem Palatin und seine Güter wurden geplündert, sein Vermögen eingezogen. Er reiste nach Griechenland und wartete dort auf seine Rückberufung, die aber erst nach anderthalb Jahren erfolgte. Wenn ihm auch das Vermögen zurückerstattet und eine Entschädigung für das zerstörte Haus gezahlt wurde, tröstete das ihn nicht über den offensichtlichen Niedergang der Republik hinweg. Er zog sich auf seine Güter zurück, deren er durch seine Anwaltstätigkeit mehrere erworben hatte.
Aber er resignierte nicht. Er benutzte die erzwungene Untätigkeit auf politischem Gebiet, um sich der Schriftstellerei zu widmen. In zwölf Jahren verfaßte er vierzehn Werke, in denen er das gesamte Gebiet der griechischen Rhetorik und Philosophie in lateinischer Sprache nicht nur behandelte, sondern in römischer Geisteshaltung umgestaltete. Er erhob die lateinische Sprache zu einem der griechischen ebenbürtigen Rang, so daß in den Werken Ciceros die Tradition griechischen Denkens über das Mittelalter bis in die Neuzeit tradiert wurde (Petrarca!).

Diese schriftstellerische Schaffensperiode umfaßte zwei Abschnitte, die jeweils von mehr oder weniger unfreiwilligen Eingriffen in das öffentliche Leben unterbrochen wurden:
55-51 Während Caesar in Gallien seine Eroberungsfeldzüge durchführte und nach dem Bruch des Triumvirats Pompeius in Rom als alleiniger Konsul die Unruhen zu bewältigen versuchte, schrieb Cicero in seiner Villa in Tusculum drei staatspolitische Schriften "Über den Redner" (de oratore), "Über den Staat" (de re publica) und "Über die Gesetze" (de legibus). In ihnen legte er sein Ideal vom Redner, vom Staat und von der Gesetzgebung in diesem Staat in fiktiven Dialogen dar, in denen er berühmte Redner und Staatsmänner seiner Zeit zu Wort kommen ließ.
46-43 In einer zweiten noch intensiveren Phase verfaßte er u.a. Werke über die platonische Erkenntnistheorie (Academica), die Lehren der verschiedenen Philosophenschulen über das Gute und Böse (de finibus bonorum et malorum), die Überwindung der Furcht (Tusculanae disputationes), das Wesen der Götter (de natura deorum), den Wert des Alters und der Freundschaft (de senectute, de amicitia) und über sittliches Handeln (de officiis).

Dazwischen lagen Jahre höchster Turbulenz:
51 Pompeius hatte 52 durch ein Gesetz bestimmt, das Konsuln und Prätoren nicht direkt nach ihrer Amtszeit, sondern erst fünf Jahre später die Verwaltung einer Provinz übernehmen durften. Daher fiel das Los jetzt auch auf Cicero. Er ging als Prokonsul in die kleinasiatische Provinz Kilikien. Seine richterliche Tätigkeit dort entsprach seinen Vorstellungen, sich nicht wie ein Tyrann und Räuber, sondern wie ein Schutzherr und Gast zu verhalten. Zu seinem Stolz errang er einen militärischen Erfolg gegen die Parther ausgerechnet bei Issos (Alexander hatte 333 dort den Parthererkönig Darius besiegt!), der ihm den Titel Imperator einbrachte.

48-47 Im Bürgerkrieg zwischen Caesar und Pompeius folgte Cicero trotz eines sorgfältig vorbereiteten Gesprächs mit Caesar schließlich doch Pompeius nach Griechenland. Nach der Niederlage bei Pharsalos reiste er nach Brundisium zurück, konnte Caesars Begnadigung aber erst 47 nach dessen Rückkehr aus Ägypten erlangen. Danach zog er sich wiederum auf seine Güter zurück.

Das letzte Lebensjahr

43 Als nach der Ermordung Caesars sein Anhänger Antonius statt Brutus und Cassius, „Tyrannenmörder" oder – je nach der politischen Perspektive – Verteidiger der Republik, Konsul wurde, ergriff Cicero noch einmal das Wort gegen Willkür und Gewalt im Staat. In zwölf Reden diffamierte er Antonius und sein polititsches Vorgehen; diese Reden sind unter dem Titel „Philippische Reden" (Philippica) – nach den Reden des athenischen Redners Demosthenes gegen König Philipp von Makedonien – in die Literatur eingegangen. Sie erregten den Zorn des Antonius in einem solchen Maße, daß Cicero auf die Liste der Proskribierten kam, die Antonius und Octavian, der Adoptivsohn Caesars und spätere Kaiser Augustus, herausgaben.

Am 7. Dezember wurde Cicero auf der Flucht ermordet. Sein Mörder hieb ihm Kopf und Hände ab. Sie wurden auf dem Forum als Trophäen aufgeheftet.

II Der Prozeß gegen Verres

1. Allgemeine Prozeßordnung in Rom im 1. Jh. v. Chr.

Die Rechtsprechung in Zivil- und Strafprozessen war der Aufgabenbereich der Prätoren. Sie gaben nach ihrer Wahl die Grundsätze ihrer Amtsführung in Edikten bekannt, die sie von ihren Vorgängern übernahmen und um eigene Normen ergänzten

Die Prätoren hatten den Vorsitz in einer der Richterkommissionen, die für einzelne Bereiche, wie z.B. Hochverrat, Wahlbestechung, Erpressung, Mord, Fälschung von Testamenten und Münzen, zuständig waren. Die Kommissionen bestanden aus 30-60 Mitgliedern. Sie wurden für jeden Einzelfall ausgelost. Die Rechtsprechung wurde maßgeblich davon beeinflußt, welchem Stand die Mitglieder angehörten: im 2. Jh. waren es nur Senatoren, seit der Reform der Gracchen 122 nur Ritter, seit der reaktionären Gesetzgebung Sullas im Jahr 80 wiederum nur Senaoren und seit dem Konsulat des Pompeius und Crassus 70 je zu einem Drittel Senatoren, Ritter und sog. Ärartribunen (über die weiter nichts bekannt ist).

Anklage konnte jeder nicht vorbestrafte Bürger erheben (außer Soldaten, Frauen und Unmündigen). Er ließ sich vor Gericht durch einen Patron vertreten. Dieses Recht hatte auch der Angeklagte. Wenn mehrere Anklagevertreter auftraten, ermittelte die Richterkommission in einem Vorverfahren, welcher von ihnen als Ankläger fungieren sollte. Diese Art der Ermittlung nannte man "Vermutung" (divinatio).

Der Ankläger erstattete Anzeige beim Prätor; dieser setzte die Anzeige auf eine Liste; die Verhandlungen fanden dann in der Reihenfolge ihrer Anmeldung statt. Nach der Zustimmung durch den Prätor bat der Ankläger um eine bestimmte Frist zur Erhebung des Beweismaterials. Als Beweismittel galten Zeugen, Urkunden und Sklavenaussagen.

Der Prozeß fand in der Öffentlichkeit auf dem Forum statt, wobei der Prätor auf einem Sessel (sella curulis), die Richter auf Bänken (subsellium) saßen. Er umfaßte zwei Verhandlungsperioden (actiones): In der ersten (actio prima) wurde der Prozeßstoff in Plädoyers dargelegt, in der zweiten (actio secunda) das Beweismaterial vorgeführt. Ankläger wie Verteidiger waren zu Plädoyers berechtigt; erst sprach der Ankläger, dann der Verteidiger.

Sofort nach der Beweisvorführung wurde noch am gleichen Tag das Urteil durch Abstimmung gefällt: die Richter ritzten ihre Entscheidung - L (Libero) oder C (Condemno) auf Täfelchen, die sie verdeckt in eine Urne warfen. Ein Freispruch war bei einer Mehrheit von nur einer Stimme über der Zahl der verurteilenden oder unentschiedenen Stimmen erreicht.

Bei einem Schuldspruch ergab sich die Strafe aus dem Gesetz, das dem Verfahren zugrundelag. Nur wenn die Strafe in einer Geldbuße bestand, die von der Höhe des angerichteten Schadens abhing, wurde der Betrag zugemessen, und zwar in einer weiteren Verhandlung der Kommission. Im Fall der Erpressung hatte der Schuldige eine doppelt so hohe Summe wie die erpresste zu zahlen. Die Todesstrafe wurde im 1. Jh. v. Chr. nur noch an Angehörigen der unteren Schichten vollstreckt, die von einem speziellen Gericht (tresviri capitales) wegen eines Kapitalverbrechens verurteilt worden waren; den Adligen gab der Vorsitzende meist Gelegenheit, in die Verbannung zu gehen.

2. Der Verlauf des Prozesses gegen Verres

Der Prätor C. Verres übernahm im Jahr 73 die Verwaltung Siziliens, und da seine Nachfolger wegen der Sklavenaufstände in Italien blieben, behielt er sie bis 71. Seine Amtstätigkeit nutzte er aus, um sich in jeder Weise durch Erpressung, Diebstahl und Raub an den Siziliern zu bereichern. Die ausgebeuteten Bewohner erhoben Anklage gegen ihn in Rom. Als ihren Vertreter wählten sie Cicero, den sie in seiner Quästur 75 als unbestechlichen Beamten kennengelernt hatten. Cicero übernahm die Anklage. Sie lautete auf Erpressung (de pecuniis repetundis).

Der Prozeß fand im Jahr 70 statt. Prätor war M´. Caelius Glabrio. Cicero erstattete Anzeige; außer ihm jedoch auch Q. Caecilius Niger, ein Gesinnungsgenosse des Verres. Im Vorverfahren erhielt Cicero durch seine überzeugende Rede den Zuspruch. Die Verteidigung übernahm der angesehene Redner Hortensius.

Zur Beweisaufnahme erbat und erhielt Cicero eine Frist von nur 110 Tagen. Er reiste nach Sizilien. Bei seinen Ermittlungen behinderte ihn der derzeitige Statthalter L. Caecilius Metellus, den Verres bestochen hatte. Dennoch kehrte Cicero rechtzeitig nach Rom zurück.

Inzwischen aber war der Beginn des Prozesses von Anfang Mai auf August verschoben worden, weil Anhänger des Verres dafür gesorgt hatten, daß ein anderer Prozeß vorgezogen wurde. Eine weitere Verzögerung bis in den November stand wegen einer längeren Festperiode bevor, in der keine Gerichtsverhandlungen stattfanden; das bedeutete praktisch, daß erst der Prätor des folgenden Jahres den Prozeß übernehmen konnte. Bei den Wahlen im Juli aber war Metellus zum Prätor und Vorsitzenden des Repetundengerichtshofs für 69 gewählt worden, sein Bruder und Hortensius zu Konsuln. Mit Sicherheit wäre Verres freigesprochen worden.

Dieser Verschleppungstaktik begegnete Cicero durch Beschleunigung des Verfahrens. Bereits in der ersten Verhandlungsperiode vom 5. - 13. August (actio prima) führte er nach einer nur einstündigen Ansprache das gesamte Beweismaterial vor. Die Last der Beweise und Ciceros geschickter Vortrag bewirkten, daß Verres noch während des Prozesses Italien verließ und in die Verbannung ging, wobei er allerdings seine gesamten Reichtümer mitnahm.

Als am 20. September die zweite Verhandlungsperiode (actio secunda) begann, fand nur noch die Verurteilung statt. Die Geldbuße wurde allerdings äußerst niedrig angesetzt: Für eine Summe von 40 Mill. Sesterzen hatte Verres nur 3 Mill. zu zahlen.

3. Die Reden Ciceros gegen Verres (orationes in Verrem)

1.) Rede im Vorverfahren gegen Caecilius (divinatio in Q. Ceacilium)
2.) Erste Rede gegen Verres (= „1. Verhandlung“: actio prima)
3.) Zweite Rede gegen Verres (= „2. Verhandlung“: actio secunda): 5 Bücher (libri).

Von diesen Reden hat Cicero nur die beiden ersten tatsächlich gehalten; die sog. „erste“ Rede ist keine eigentliche Anklagerede, sondern nur die Einleitung des Beweisverfahrens, das Cicero bereits in dieser ersten Verhandlung durchführte. Die sog. „zweite“ Rede mit der Darlegung der Beweise ist fiktiv, da die zweite Verhandlung ja nicht stattgefunden hat. Bei der Veröffentlichung der Reden wollte Cicero die glänzende Darstellung nicht unterdrücken.

Sizilien

Der geographische Schauplatz; moderne Karte der Insel mit Angabe der Berge, Flüsse und wichtigsten Städte.

Abbildungsnachweis

Titelbild: M. Tullius Cicero, Porträtbüste in London, Apsley Hause; kaiserzeitliche Kopie nach Original um 60 v. Chr. Nach Gipsabguß im Inst. f. Klass. Arch. Tübingen.

Seite 9 : Silberbecher aus dem Schatzfund von Boscoreale bei Pompeji, um 20 n. Chr.; Paris, Louvre; Monuments Piot 5, Paris 1899, Tf. V.

Seite 18: Römische Marmorkopie nach Bronzeoriginal des Myron, um 460/50 v. Chr.; Boston, Museum of Fine Arts. (W. Fuchs, Die Skulptur der Griechen, München 1969, Abb. 67).

Seite 27: Runde Votivscheibe, attisch-schwarzfigurig, 1. Viertel 5. Jh. v. Chr.; CVA Tübingen 3, München 1980, Tf. 341.

Seite 31: Ausschnitt aus: H. Kiepert, Atlas Antiquus, Berlin 1885, Tf. 4: Asia Citerior.

Seite 38: Denar des M. Junius Brutus, Rom um 59 v. Chr.; M.-H. Crawford, Roman Republican Coinage, Cambridge 1974, N. 433/1. Galvano im Inst. f. Klass. Arch. Tübingen.

Seite 45: Bankettszene aus der Casa dei casti amanti, Pompeji; 1. Jh. n. Chr.

Seite 49: Parthenon-Ostfries, Rekonstruktion der Dienerinnengruppe; A. Michaelis, Der Parthenon, Leipzig 1871, Textband S. 255.

Seite 55: Sesterz des Nero, Rom 64/66 n. Chr.; RIC, 2. Aufl. v. C.H.V. Sutherland, Nr. 178; BMC 131-134. Inst. f. Klass. Arch. Tübingen.

Seite 61: Nordostecke des Forums von Pompeji; Blick nach Norden Richtung Vesuv.

Seite 65: Tetradrachmon des Quaestors Aesillas, Makedonien 70/65 v. Chr.; SNG Tübingen Nr. 1225; Galvano im Inst. f. Klass. Arch. Tübingen.

Seite 72: Rekonstruktionszeichnung nach E. Gjerstad, Il comizio romano nell´ età reppublicana, Acta Instituti Romani Regni Sueciae 5, 1941, 97.

Seite 77: Tonrelief aus Lokroi / Unteritalien, um 470/460 v. Chr.; Nationalmuseum Tarent. L. von Matt, Großgriechenland, Würzburg 1961, Abb. 140.

Seite 85: Denar des P. Licinius Nerva, Rom 113/112 v. Chr.; M. H. Crawford Nr. 292/1.

Seite 91: Tetradrachmon von Himera / Sizilien, vor 409 v. Chr.; Antikenmuseum Basel; Griechische Münzen aus Großgriechenland und Sizilien, Basel 1988, Nr. 306. Privatbesitz, ehemals Slg. Moretti.

Seite 97: Sog. „Arringatore“ aus Pila / Trasimenischer See, um 100 v. Chr.; Florenz, Arch. Mus. H. Kähler, Rom und seine Welt, München 1960, Tf. 60.

Seite 106: Lageplan des antiken Syrakus nach H.-P. Drögemüller, Syrakus. Zur Topographie und Geschichte einer griechischen Stadt (Gymnasium Beiheft 6), Heidelberg 1969, Abb. 11.

Seite 111: Villa des P. Fannius Synistor in Boscoreale bei Pompeji, um 30 v. Chr.; New York, Metropolitan Museum. H. G. Beyen, Die pompeianische Wanddekoration, Den Haag 1938, Abb. 58.

Seite 114: Wachstafel mit Stilus, moderne Nachbildung; Privatbesitz.

Seite 120: Denar, Quinar und Sesterz, nach 211 v. Chr., Münzstätte Rom? Crawford Nr. 46. Galvanos im Inst. f. Klass. Arch. Tübingen.

Seite 126: Gemälde im Grabbau des C. Vestorius Priscus in Pompeji, um 20/50 n. Chr. H.Kähler, Rom und seine Welt, München 1960, Tf. 143 oben.

nach Seite 174:

Karte von Sizilien nach G.E. Rizzo, Monete greche della Sicilia, 1946, Nachdruck 1966, XII.